AF337350

ALBUM·DU·CONSTRUCTEUR

DE

CHAUDIÈRES A VAPEUR

COLLECTION MÉTHODIQUE

DE 165 TYPES DE GÉNÉRATEURS

Présentant·les dispositions les plus nouvelles et les plus variées

A L'USAGE

DES INGÉNIEURS, DES CONSTRUCTEURS ET DES PROPRIÉTAIRES D'USINES

PAR

J. LAURENT

Garde-mines principal
Attaché à la surveillance des appareils à vapeur de la Seine

ACCOMPAGNÉE

D'UN RECUEIL DE NOTES EXPLICATIVES GÉNÉRALES ET PARTICULIÈRES

PAR

DUNKEL

Garde-mines, Professeur de l'Association polytechnique

OUVRAGE APPROUVÉ PAR LA SOCIÉTÉ D'ENCOURAGEMENT

TEXTE

PARIS

CHEZ M. LAURENT, 144, RUE DU BAC

ET CHEZ E. LACROIX, LIBRAIRE, 54, RUE DES SAINTS-PÈRES

1875

Tous droits de traduction et de reproduction réservés

ALBUM

DU CONSTRUCTEUR DE CHAUDIÈRES

A VAPEUR

PARIS. — TYPOGRAPHIE DE ROUGE, DUNON ET FRESNÉ,

rue du Four-Saint-Germain, 43.

ALBUM DU CONSTRUCTEUR

DE

CHAUDIÈRES A VAPEUR

COLLECTION MÉTHODIQUE

DE 165 TYPES DE GÉNÉRATEURS

Présentant les dispositions les plus nouvelles et les plus variées

À L'USAGE

DES INGÉNIEURS, DES CONSTRUCTEURS ET DES PROPRIÉTAIRES D'USINES

PAR

J. LAURENT

Garde-mines principal

Attaché à la surveillance des appareils à vapeur de la Seine

ACCOMPAGNÉE

D'UN RECUEIL DE NOTES EXPLICATIVES GÉNÉRALES ET PARTICULIÈRES

PAR

DUNKEL

Garde-mines, Professeur de l'Association polytechnique

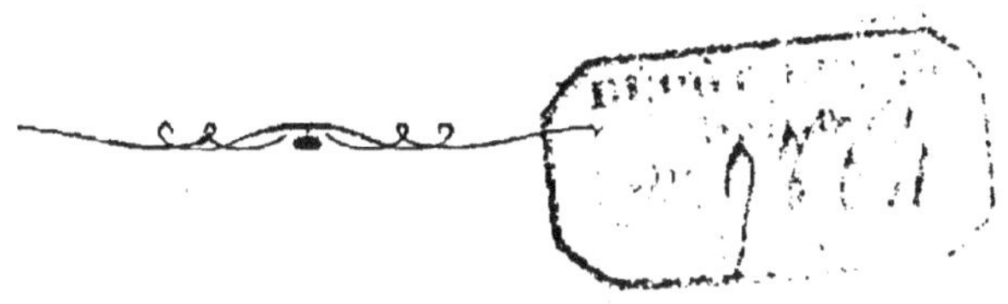

PARIS

CHEZ M. LAURENT, 144, RUE DU BAC

ET CHEZ E. LACROIX, LIBRAIRE, 54, RUE DES SAINTS-PÈRES

1875

PRÉFACE

Les ouvrages les plus complets publiés sur les appareils à
vapeur ne donnent la description détaillée que des principales
espèces de générateurs ; certaines publications industrielles pé-
riodiques reproduisent bien, d'une manière intermittente, la
description de quelques types particuliers, mais le défaut de
coordination de ces types avec ceux déjà existants a pour effet
de ne fixer sur eux l'attention des ingénieurs et des constructeurs que d'une manière accidentelle, et pour ainsi dire fugi-
tive. Quant aux nombreuses dispositions qui ne sont l'objet
d'aucune publicité, elles ne peuvent que demeurer à peu près
inconnues. Cependant, la plus grande partie de ces types et
systèmes se maintiennent à côté les uns des autres sans que,
en général, ceux qui surgissent excluent ceux qui les ont pré-
cédés, chacun d'eux possédant des qualités particulières qui le
font préférer pour l'usage spécial auquel il est destiné.

L'importance que présentent actuellement les générateurs,
par suite de la multiplicité des dispositions employées et de

l'intérêt qui s'attache à beaucoup d'entre elles, nous a paru réclamer une publication spéciale.

Chargés, par nos fonctions, de la réception et de la surveillance administratives des chaudières à vapeur dans le département de la Seine, il nous a été donné de voir les types les plus divers et de faire sur eux les observations les plus variées et les plus nombreuses. Nous avons éprouvé, d'ailleurs, que la connaissance de leurs qualités et de leurs défauts ne pouvait véritablement s'acquérir sans une longue pratique et par des comparaisons multipliées.

La collection que nous avons formée nous paraît susceptible de mettre chacun à même de faire ces comparaisons sans perte de temps ni difficultés. Presque tous nos dessins, en effet, sont la reproduction géométrique exacte d'appareils construits, et les notes particulières qui les accompagnent mettent en relief ce qu'ils ont de caractéristique et de fondamental.

Nous avons donc lieu d'espérer que l'utilité du présent ouvrage sera appréciée de toutes les personnes qui sont appelées à s'occuper d'une manière sérieuse de l'étude des appareils à vapeur.

Dans le but de faciliter cette étude, et pour éviter de trop fréquentes répétitions dans le texte, nous avons groupé les différents types en catégories aussi rationnelles que possible, et déjà en grande partie adoptées par les auteurs qui ont traité de la matière. Des notes préliminaires exposent les généralités qui ne pouvaient convenablement être développées dans le corps de l'ouvrage.

Les catégories dont il s'agit sont au nombre de douze ; elles comprennent les systèmes suivants :

1° *Chaudières à tombeau, à basse pression.* — Elles ne sont plus employées.

Chaudières cylindriques avec ou sans bouilleur. — Le volume d'eau est grand. On peut comparer ces chaudières à des machines munies d'un volant puissant. La surface de chauffe est limitée, le poids est considérable, la maçonnerie coûteuse. Elles conviennent pour des usines importantes, suffisamment isolées, où la vapeur doit être fournie à la machine en quantité toujours assez grande, malgré les variations de la résistance ; où le travail est continu, de telle sorte que la chaleur emmagasinée dans la maçonnerie ne soit pas perdue ; cette chaleur peut d'ailleurs se conserver facilement, pendant des repos de dix à douze heures, sans déchet sensible.

2° *Chaudières à foyer et conduits de flammes intérieurs.* — La capacité et, par suite, la masse d'eau sont plus faibles, la surface de chauffe directe est plus grande, mais l'entretien plus difficile ; les accidents sont plus à craindre ; le métal est dans des conditions moins favorables, les diamètres sont plus grands, le poids de l'appareil plus fort.

3° *Chaudières tubulaires locomotives.* — La surface de chauffe est très-considérable, mais le tirage, à raison de la petite section des tubes, a besoin d'être activé, à moins que l'on ait une cheminée très-élevée ; la mise en pression est rapide ; toute maçonnerie est inutile. Ce sont des chaudières coûteuses, mais qui peuvent, pour les grandes puissances, donner d'excellents résultats. La régularité est seulement un peu moindre que dans les chaudières à bouilleurs.

4° *Chaudières tubulaires fixes.* — Les mêmes observations sont applicables ; seulement, à raison de la fixité de l'appareil, on peut construire le fourneau en maçonnerie, et par conséquent simplifier la chaudière.

5° *Chaudières tubulaires locomobiles à tubes directs.* — Ces chaudières ne diffèrent de celles locomotives qu'en ce qu'elles ont une moins grande puissance ; mais, à raison de la réduction des différentes parties, le réservoir de vapeur est peu considérable et la masse d'eau un peu faible. Eu égard à leur forme, on peut facilement les placer sur un châssis à roues, de manière à pouvoir les transporter d'un endroit à un autre sans difficulté. Leur forme allongée se prête aussi à l'installation d'une machine au-dessus de la partie cylindrique horizontale. Les chaudières de ce genre conviennent donc particulièrement pour les travaux de peu de durée, pour lesquels il est important de supprimer tous les frais d'installation.

6° *Chaudières fixes et locomobiles à retour de flamme tubulaire.* — Les chaudières précédentes présentent cet inconvénient que les gaz sont presque immédiatement divisés au moment où ils s'élèvent au-dessus du combustible ; qu'ils sont, par conséquent, très-vite refroidis, et que la combustion peut n'être qu'imparfaite. Dans les chaudières à retour de flamme tubulaire, cet inconvénient ne se présente pas. Il est donc possible que le combustible soit un peu mieux utilisé ; la cheminée se trouve reportée en avant, et la longueur totale de la chaudière, pour une surface de chauffe donnée, est notablement diminuée. Ces générateurs seront donc commodes quand on ne disposera que d'un espace restreint ; d'autre part, le tirage sera encore moins actif qu'avec les chaudières à faisceau tubulaire direct.

7° *Chaudières tubulaires démontables.* — L'inconvénient sérieux que présentent les chaudières tubulaires est la difficulté du nettoyage des intervalles du faisceau tubulaire. La découverte de dispositions pratiques permettant de démonter la chaudière, et par suite la mise à nu du faisceau, a donc un grand intérêt et contribuera à étendre l'emploi des locomobiles. La difficulté d'entretenir ces appareils en bon état et de les réparer en cas de nécessité était un obstacle à leur introduction dans les localités peu industrielles. Cet obstacle est levé, et plusieurs systèmes, actuellement en usage, ont complétement résolu la question.

8° *Chaudières verticales.* — Pour les très-petites forces, il était à désirer d'avoir une chaudière tenant peu de place, présentant peu de dangers d'explosion, d'un entretien facile et d'une mise en marche rapide, la question d'économie ayant dans ce cas moins d'importance. La chaudière verticale à bouilleurs intérieurs satisfait à toutes ces conditions.

Un autre type de chaudières verticales cylindriques n'est employé que dans les forges, pour utiliser les flammes perdues des fours ; elle satisfait aux conditions d'exiger peu de place, de ne pas gêner le tirage et de permettre de faire varier celui-ci suivant les exigences des opérations métallurgiques.

9° *Chaudières verticales tubulaires.* — Nous n'avons que peu de chose à dire de ce système, qui n'est que l'application du système tubulaire aux chaudières verticales, et dont les types simples jouissent, pour les forces moyennes, à peu près des mêmes avantages qu'elles.

10° *Générateurs à production rapide.* — Deux cas se présentent : on peut chercher un appareil d'une mise en marche extrêmement rapide, d'un transport facile, offrant cependant une masse d'eau suffisante pour une production de vapeur régulière ; ou bien un appareil inexplosible, ayant une faible contenance de liquide et dont la régularité d'allure tient à un ensemble de dispositions spéciales, la rapidité de mise en marche étant un fait secondaire et le résultat seulement de la petite quantité de liquide. Le bouilleur Perkins, sous toutes ses formes associé à une chaudière verticale ou locomobile, satisfait aux premières conditions ; les générateurs Belleville satisfont aux secondes. Les premiers appareils conviendront mieux pour les pompes à incendie, les machines de secours ; les seconds pourront être utilisés dans toutes les industries, surtout pour les grandes puissances.

11° Sous la rubrique de *chaudières diverses*, on a réuni divers générateurs offrant à la fois des caractères communs à plusieurs des types précédents.

12° Enfin les *chaudières de bateaux*, qui doivent satisfaire à la triple condition de prendre peu de place, d'avoir une forme qui se prête à utiliser le mieux possible le vide du fond du bateau; de pouvoir subir sans inconvénient les mouvements du navire, et par conséquent d'avoir peu de longueur; de pouvoir être divisées en un certain nombre de chaudières qui pussent facilement être rendues indépendantes ou réunies plusieurs ensemble, suivant les nécessités de la navigation.

Nous avons cru devoir nous abstenir d'entrer dans aucun détail sur les appareils de chauffage et sur les faits si complexes relatifs à la combustion et à la vaporisation. Ces objets ne peuvent être exposés d'une manière utile sans d'assez longs développements; ils ont été l'objet de publications spéciales. Les savants travaux de Péclet et de MM. Morin et Tresca, sur les applications de la chaleur, sont entre les mains de toutes les personnes qui s'occupent de physique industrielle.

Quant aux données expérimentales relatives à la production de vapeur et à la consommation de combustible des générateurs décrits, nous nous sommes interdit de les produire, par ce motif, qui nous a semblé péremptoire, que ces données ne sont ni constantes ni comparables entre elles. On sait quelle influence l'état plus ou moins complet de propreté des chaudières et la plus ou moins grande proportion de surface de chauffe exercent sur la transmission de la chaleur. De même, les proportions des fourneaux et des cheminées et les soins plus ou moins intelligents et vigilants des chauffeurs sont capables de faire varier dans une grande mesure le rendement utile d'un combustible de qualité déterminée. D'autres raisons pourraient être encore invoquées pour démontrer l'impossibilité de faire sur une échelle générale des essais comparatifs concluants; mais ce n'est pas ici le lieu d'insister sur cette démonstration.

Nous ne croyons pas inutile d'avertir que les opinions émises par nous sur les différents systèmes de générateurs sont absolument indépendantes de toutes considérations personnelles. D'autres auraient pu apprécier ces systèmes avec plus de talent, mais aucun avec une plus grande impartialité.

L'utilité des ouvrages techniques destinés à être consultés en vue d'applications pratiques se mesurant au degré de confiance qu'ils inspirent, nous avons demandé à MM. Worms de Romilly et Martelet, ingénieurs des mines chargés du service des appareils à vapeur dans le département de la Seine, à qui d'ailleurs nous sommes redevables de conseils précieux, ainsi qu'à la Société d'encouragement, de vouloir bien formuler leur opinion sur notre travail, et nous reproduisons ci-après les jugements émis à cette occasion :

Avis de M. Worms de Romilly, Ingénieur des mines.

L'emploi des appareils à vapeur s'est généralisé à tel point depuis quelques années, qu'il n'est pas d'usine, d'atelier de quelque importance où on ne les rencontre ; il est devenu indispensable pour les chefs d'industrie de connaître les principaux types d'appareils à vapeur et de pouvoir se rendre compte par eux-mêmes du genre de générateurs qui leur conviendraient le mieux. Les ouvrages spéciaux ne décrivent que le petit nombre des types les plus répandus ; pour les constructeurs, ces ouvrages sont incomplets, car ils ne fournissent pas la description de la plus grande partie des systèmes de chaudières, et, pour les appareils dont ils font mention, ils ne donnent aucun détail sur le mode d'assemblage de leurs diverses parties, sur l'épaisseur des tôles, etc.

Cependant, les constructeurs ont besoin de connaitre ces détails, soit qu'ils veuillent reproduire un type déjà connu, soit qu'ils cherchent à créer un nouvel appareil satisfaisant à certaines conditions; il leur est surtout nécessaire d'être renseignés sur les avantages et les défauts des systèmes déjà réalisés, afin de pouvoir profiter des uns et éviter les autres ; MM. Laurent et Dunkel se sont proposé de combler cette lacune, et me paraissent avoir complétement atteint ce but.

Ils ont fait l'étude des générateurs les plus divers, depuis les anciennes chaudières à tombeau et à basse pression jusqu'aux chaudières à haute pression et à formes complexes destinées aux bateaux à vapeur et possédant sous un volume restreint une puissance énorme de vaporisation ; mais ils se sont surtout attachés aux chaudières employées dans les usines. Chaque générateur est représenté dans l'atlas à une échelle suffisante $\left(\dfrac{1}{20} \text{ à } \dfrac{1}{25} \right)$ pour qu'on puisse nettement distinguer les principales dispositions de détail ; une légende fait connaître la capacité, la surface de chauffe, le numéro du timbre et les épaisseurs de tôle correspondantes.

Le texte joint à l'atlas expose d'abord les principes sur lesquels est basée la construction des chaudières.

Ensuite les auteurs abordent l'étude de chaque système, et ils donnent une appréciation succincte et raisonnée de ses caractères principaux.

Pour être à même de remplir ce programme, il était indispensable d'avoir eu l'occasion de constater comment se comportaient tous les générateurs, tant à l'épreuve à la presse hydraulique que dans leur marche normale. Il suffit de réfléchir au nombre de systèmes souvent excellents, qui sont peu répandus, pour se rendre compte de la difficulté que présente cette étude, et pour comprendre qu'une position toute spéciale pouvait seule permettre de la mener à bonne fin.

Au milieu d'une si grande diversité d'appareils, les auteurs ont su mettre de l'ordre en réunissant par groupes les chaudières offrant un caractère commun ; ces groupes sont assez tranchés pour que, dans chaque cas particulier, il n'y ait le plus souvent pas d'hésitation possible sur le système à adopter de préférence.

C'est là ce qui rendra cet ouvrage précieux pour les directeurs d'usines, bien qu'il soit plus spécialement destiné aux ingénieurs et aux constructeurs.

Le degré d'exactitude et d'impartialité apporté dans la description des chaudières, et surtout dans leur examen critique, donne la mesure de la confiance que peut inspirer un travail de ce genre, et par conséquent de son utilité ; je suis persuadé que toutes les personnes qui consulteront cet ouvrage reconnaîtront que l'exactitude et l'impartialité en forment le caractère distinctif, et j'espère que ces qualités lui vaudront le succès qu'il me paraît mériter à tous égards.

Avis de M. Martelet, Ingénieur des mines.

Le livre de MM. Laurent et Dunkel est destiné à combler une lacune dont nous avons depuis longtemps signalé l'existence. Les traités spéciaux relatifs aux appareils à vapeur donnent de précieux renseignements sur les principes à observer dans la construction des générateurs ; mais, en général plus théoriques que pratiques, ils ne renferment que peu de détails et n'offrent au choix des industriels ou des agriculteurs qu'un nombre très-limité de spécimens.

Réunir le plus grand nombre possible de types et présenter une sorte de résumé historique des chaudières à vapeur, en mettant surtout en lumière les formes et les dispositions dont les avantages ont été constatés par l'expérience, tel est le but que se sont proposé les auteurs, et qu'ils ont, à notre avis, atteint de la manière la plus heureuse.

De nombreuses planches, dessinées avec un soin minutieux et accompagnées d'un texte clair et précis, constituent l'ensemble de documents le plus complet qui ait paru jusqu'ici sur cette branche si importante de la technologie. Aussi croyons-nous devoir recommander cet ouvrage à l'attention de toutes les personnes qui construisent des chaudières à vapeur ou qui sont appelées à en faire usage.

Compte rendu des séances de la Société d'Encouragement pour l'Industrie nationale.

SÉANCE DU 13 MARS 1874 (EXTRAIT).

CHAUDIÈRES A VAPEUR. — M. Laboulaye lit, au nom du même comité, un rapport sur l'*Album du Constructeur de chaudières à vapeur* qui a été présenté à la Société par M. Laurent (J.), garde-mines principal attaché au service de surveillance des appareils à vapeur de la Seine, et par M. Dunkel, garde-mines,

La plupart des ouvrages sur les machines à vapeur ne contiennent que des croquis incomplets des divers systèmes de chaudières, sans détails et sans dimensions précises. C'est donc rendre un grand service aux constructeurs que de faire connaître les chaudières qui ont été faites dans les divers ateliers, et les résultats obtenus par les divers systèmes employés, en fournissant les dimensions des diverses parties, les épaisseurs de tôle, et tous les éléments dont on a besoin pour exécuter une chaudière à vapeur dans des conditions déterminées.

M. Laurent, grâce aux fonctions qu'il exerce depuis longues années, a pu collectionner les dessins originaux déposés par les constructeurs, lors des épreuves, et en composer un album pratique d'une importance incontestable. Il a exécuté ce grand travail avec le concours de M. Dunkel, garde-mines comme lui, et professeur à l'Association polytechnique, qui s'est spécialement chargé de la rédaction du texte.

La lecture de ce travail a montré toute l'utilité de la publication que ses auteurs veulent en faire, et pour laquelle ils ont reçu les encouragements de leurs chefs, MM. Martelet et Worms de Romilly. Il y a tout lieu de penser que cet album sera apprécié en France, où il manque entièrement, comme l'est, en Angleterre, l'ouvrage analogue de Bourne qui se trouve chez tous les constructeurs anglais.

Le comité des arts mécaniques propose donc 1° de remercier MM. Laurent et Dunkel de la communication de leur ouvrage, et 2° de les encourager à faire jouir, le plus tôt possible, les constructeurs des résultats de leurs travaux.

Ces conclusions sont approuvées par le conseil.

ALBUM

DU

CONSTRUCTEUR DE CHAUDIÈRES

A VAPEUR

GÉNÉRATEURS DE VAPEUR

NOTES PRÉLIMINAIRES

1. — On donne le nom de *générateur* à l'appareil qui sert, dans l'industrie, à produire la vapeur destinée à être employée comme force motrice ou comme moyen de chauffage.

Cet appareil se compose de la chaudière proprement dite, qui contient l'eau et la vapeur engendrée, du fourneau et de la cheminée d'appel. Il est accompagné d'appareils accessoires, parmi lesquels on distingue ceux dits *de sûreté*, qui permettent d'observer la marche de la vaporisation et de prévenir les dangers d'explosion.

Les générateurs ont des formes très-variées, commandées par les conditions diverses qu'ils doivent remplir et par des considérations d'emplacement, d'économie et de solidité.

Observations sur la surface de chauffe.

2. — On donne le nom de surface de chauffe à l'étendue que
mesurent ensemble les parties de la chaudière qui reçoivent l'action
de la chaleur du foyer et qui sont en même temps baignées intérieurement par l'eau à vaporiser. La portion de cette surface qui
est exposée au rayonnement immédiat du combustible placé sur le
foyer est appelée *directe*. Outre la chaleur rayonnante, cette surface
reçoit une vive chaleur du contact des gaz enflammés ou non et de
la fumée qui se produisent pendant la combustion. L'autre portion
de la surface de chauffe, dite *indirecte*, est échauffée par les gaz de
la combustion qui ont dépassé la surface directe et par le rayonnement des parois du fourneau, fortement échauffées elles-mêmes
pendant la marche.

TRANSMISSION DE LA CHALEUR PAR LA SURFACE DE CHAUFFE

3. — La quantité de chaleur qui traverse les parois d'un vase
chauffé varie en général avec la nature de ces parois et avec l'état de
leur surface. Mais pour les chaudières à vapeur, dans lesquelles ces
conditions diffèrent assez peu, on admet que la quantité de chaleur
transmise par la surface de chauffe est proportionnelle à l'excès de la
température extérieure sur la température intérieure. Le simple
énoncé de ce principe montre que la quantité de chaleur transmise
par la surface de chauffe n'est pas égale dans toutes les parties d'une
même chaudière.

INFLUENCE DE L'ÉPAISSEUR DES PAROIS

4. — Théoriquement, la quantité de chaleur qui traverse une paroi de chaudière devrait être d'autant plus faible que cette paroi est plus épaisse; cependant, en fait, l'épaisseur des parois n'a pas d'influence appréciable; M. Péclet a reconnu que ce résultat doit être attribué à la faible conductibilité et à la presque immobilité de l'eau en contact avec la surface de chauffe; il s'est assuré que la loi relative à l'épaisseur se vérifie quand l'eau est vivement agitée.

5. — L'adoption d'une épaisseur exagérée du métal dans la construction des chaudières présente des inconvénients qu'il est utile de signaler. Plus, en effet, cette épaisseur est grande, plus la différence de température sur les deux faces l'est elle-même; la face extérieure, dans le cas d'une forte épaisseur, peut prendre une haute température et brûler, par suite de son contact avec l'air incomplétement désoxydé qui circule autour d'elle. Cet effet est fréquent dans les parties de chaudières qui présentent des surépaisseurs de métal résultant, soit de l'emboîtement des viroles, soit de l'application aux parois chauffées d'armatures adhérentes sur une certaine étendue. C'est ordinairement par ces parties, qui n'ont qu'un contact insuffisant avec l'eau, que se détériorent les chaudières. Les inégales dilatations, qui résultent du même état de choses, contribuent aussi à amener une prompte destruction.

Il importe, par conséquent, dans la construction des chaudières, de ne pas dépasser beaucoup, en vue d'assurer outre mesure leur solidité, l'épaisseur reconnue suffisante par une pratique éclairée et prudente; ce serait agir au détriment de l'économie de la première dépense et des intérêts de l'avenir.

RENDEMENT DE LA SURFACE DE CHAUFFE

6. — Le problème de la vaporisation industrielle se complique d'une question économique dont il convient de se rendre compte. Il ne suffit pas, en effet, de produire la vapeur dont on a besoin, il faut encore qu'elle coûte le meilleur marché possible.

On sait qu'une partie seulement de la chaleur peut être absorbée par la surface de chauffe des chaudières ; l'autre partie n'est pas entièrement perdue pour la vaporisation, car elle concourt à cette vaporisation en déterminant dans la cheminée le courant d'air continu sans lequel la combustion, et par suite le chauffage seraient impossibles. Réduire à la quantité strictement nécessaire la proportion de chaleur qu'emporte le tirage de la cheminée est une obligation qu'impose l'économie de la dépense. Le moyen d'atteindre ce but consiste évidemment à ne laisser échapper les gaz de la combustion qu'après qu'ils ont donné la plus grande quantité de chaleur qu'on peut leur demander sans nuire à la marche du fourneau. A cet égard, on admet que les conditions du chauffage sont convenables lorsque la température de ces gaz n'excède pas 300° à la base de la cheminée, bien que, dans certains cas particuliers, ces gaz soient beaucoup plus refroidis ; mais alors les dernières portions de la surface de chauffe sont assez faiblement actionnées par la chaleur : la différence des températures intérieure et extérieure étant représentée par un chiffre beaucoup moindre que 300°, le rendement de ces portions est beaucoup plus faible que celui de la surface de chauffe directe.

Il résulte de ces conditions, que la surface de chauffe qui ne transmet de chaleur que dans la mesure où elle en reçoit, ne produit jamais, en pratique, le maximum d'effet dont elle serait capable dans des circonstances où l'économie du combustible n'offrirait qu'un médiocre intérêt.

La production de la surface de chauffe se rapporte au mètre carré et à l'heure. C'est une moyenne qui s'abaisse, en général, lorsque les gaz de la combustion sont plus refroidis, ou, ce qui revient au même, lorsque la chaleur est mieux utilisée : il en est ainsi quand, pour une certaine quantité de chaleur dégagée dans le foyer, la surface de chauffe est de plus en plus étendue.

La conclusion de ces faits se résume dans cette proposition, à savoir : que la chaudière qui présente la plus grande surface de chauffe pour une production de vapeur donnée est celle qui fonctionne le plus économiquement.

D'après plusieurs expérimentateurs, un mètre carré de surface de chauffe entièrement exposé à un feu violent peut fournir 100 kilogrammes de vapeur à l'heure ; mais les chaudières à vapeur qui comportent une surface directe et une surface indirecte sont loin de produire cette quantité ; leur produit moyen est variable, et, sauf quelques systèmes particuliers, ce produit n'excède guère 25 kilogrammes ; le chiffre ordinaire varie entre 15 et 20 kilogrammes ; dans les appareils les plus économiques il est de 12 kilogrammes environ.

7. — En adoptant l'un des régimes indiqués ci-dessus, il est aisé de déterminer la surface de chauffe, et par suite les dimensions d'un générateur capable d'une production de vapeur donnée en poids.

Mais un usage, peu rationnel quoique très-répandu, exige souvent que la puissance de vaporisation des chaudières soit exprimée en chevaux-vapeur. Comme la quantité de vapeur consommée par les machines motrices varie avec les systèmes auxquels elles appartiennent et avec la pression de marche, il serait nécessaire de prendre la quantité de vapeur correspondante au travail dit d'un cheval dans chaque cas particulier. Le poids total de vapeur serait alors connu et les conditions de la chaudière indiquées. Mais tous les acquéreurs et vendeurs de chaudières ne peuvent pas faire ces calculs, et l'on se borne, en général, à admettre qu'une certaine surface de chauffe de chaudière équivaut à la force d'un cheval. Cette quantité elle-même n'est pas fixe et varie entre 1 mètre et $1^m,60$.

8. — Une autre conséquence à tirer de tous ces faits, c'est que, bien que la puissance de vaporisation d'un générateur augmente d'une manière générale avec la surface de chauffe, il n'est pas toujours exact qu'une chaudière présentant une plus grande surface que telle autre soit capable de produire plus de vapeur que celle-ci. En effet, si les chaudières ne sont pas du même genre, le rapport existant entre la surface directe et la surface indirecte peut être très-différent ; en outre, les dispositions du fourneau, qui pour beaucoup de chaudières font partie intégrante de l'appareil lui-même, peuvent être telles qu'on ne puisse y brûler le combustible dans les mêmes proportions.

INFLUENCE DE LA TENSION DE LA VAPEUR SUR LE RENDEMENT DES CHAUDIÈRES

9. — La puissance de vaporisation d'une chaudière est indépendante de la tension de la vapeur produite ; en d'autres termes, le poids de vapeur engendrée est le même si l'on marche à des pressions différentes. C'est un fait établi par l'expérience, et dont on peut se rendre compte, en remarquant que la quantité de chaleur contenue dans un kilogramme de vapeur à différentes températures varie relativement très-peu, par suite de la grande quantité de chaleur latente qui constitue l'eau à l'état de vapeur.

EXEMPLE.

Températures	100°	152°	180°
Pressions correspondantes.	$1^{atm.}$	$5^{atm.}$	$10^{atm.}$
Chaleur en calories. . . .	637	652	661

Observations sur la capacité des chaudières.

10. — La puissance de vaporisation des chaudières est indépendante de leur capacité.

La relation qui existe entre la puissance de vaporisation et la surface de chauffe vient d'être indiquée. Il suffit donc, pour que la proposition actuelle soit établie, de faire remarquer que les variations de la surface de chauffe ne sont pas proportionnelles à celles du volume pour des figures géométriques même semblables. A plus forte raison ces variations diffèrent-elles lorsque les chaudières ont des formes dissemblables, et surtout quand le développement de la surface de chauffe a lieu, comme c'est le cas pour un grand nombre de types, aux dépens du volume des chaudières, qui sont alors évidées d'une manière plus ou moins notable.

Pendant longtemps on s'est attaché à conserver entre la capacité et la surface de chauffe un rapport tel que la chaudière contînt au moins huit fois la quantité d'eau qu'elle peut vaporiser en une heure, et cela, afin d'éviter les inconvénients d'une ébullition trop vive ; mais la pratique moderne s'est affranchie de cette condition dans un grand nombre de cas, sans que, d'ailleurs, les inconvénients prévus aient nécessité le retour aux premiers errements.

INFLUENCE DE LA CAPACITÉ SUR LA MARCHE DES CHAUDIÈRES

11. — Le principal avantage attaché au grand volume des chaudières, consiste dans le grand approvisionnement de chaleur qui s'y fait. Si cet approvisionnement est considérable par rapport à la dépense, la pression n'éprouve que de faibles variations, malgré les inégalités de la consommation. La conduite du feu ne présente pas

de difficultés dans ces conditions, parce qu'elle n'a pas besoin d'être modifiée pour chacun des accidents de courte durée qui se produisent dans le travail, comme cela serait indispensable avec un générateur de moindre volume, formant un réservoir de chaleur plus faible et, par ce fait, beaucoup plus sensible aux irrégularités, soit de la production, soit de la consommation de vapeur.

Mais l'avantage qui vient d'être mentionné ne peut être acquis qu'aux dépens d'autres convenances, qui ont, dans certaines circonstances, une influence prépondérante. C'est, en effet, un inconvénient inhérent aux appareils volumineux que d'entrer en pression avec une grande lenteur. A la vérité, cet inconvénient est faible pour les chaudières qui fonctionnent d'une manière permanente et qui n'éprouvent que des arrêts éloignés. Mais lorsqu'une chaudière est appelée à marcher d'une manière intermittente, avec des arrêts fréquents et prolongés, c'est certainement un inconvénient grave pour celui qui en fait usage, que d'être obligé d'attendre longtemps avant que de pouvoir disposer de ses appareils ; car, indépendamment de la perte de temps, il faut tenir compte aussi de la perte de combustible occasionnée par un long allumage, pour une marche de courte durée.

Les chaudières de faible capacité comparativement à leur puissance de vaporisation encourent les reproches et les éloges contraires ; la mise en pression y a lieu rapidement ; elles sont exposées à des irrégularités de pression gênantes, lorsque le travail à effectuer varie dans des limites étendues ; la conduite du feu suffit cependant à assurer une bonne marche de ces appareils, lorsque le service à faire n'a pas le caractère exceptionnel dont il vient d'être question.

INFLUENCE DE LA CAPACITÉ EN CAS D'EXPLOSION

12. — La grande capacité a encore d'autres conséquences : si, comme on a pu le voir précédemment, la pression de marche et la capacité des chaudières n'exercent pas d'influence sur leur puissance de vaporisation, elles en ont une importante sur les effets que peut entraîner leur rupture. Il est évident que l'explosion d'une chaudière sera un événement d'autant plus grave, toutes choses égales d'ailleurs, que le volume d'eau et de vapeur qu'elle contient sera lui-même plus considérable. A volume égal, on voit aussi que de deux chaudières, celle qui fonctionne à la plus haute pression est aussi celle dont l'explosion pourra produire le plus de dégâts. Evidemment, plus est grande la quantité de chaleur accumulée dans un générateur, par suite du volume ou de la pression, plus est grande aussi la force expansive qui se développe tout à coup dans l'explosion, et par conséquent la dévastation qu'elle produit.

13. — C'est pour cette raison que les chaudières à vapeur installées à demeure ont été classées par le décret réglementaire du 25 janvier 1865, en trois catégories basées sur la capacité et sur la pression de marche. Des garanties différentes sont imposées pour leur établissement, selon qu'elles appartiennent à l'une ou à l'autre de ces catégories.

La méthode de classement est la suivante : on fait le produit de la capacité exprimée en mètres cubes par la tension *absolue* de la vapeur en kilogrammes. Selon que ce produit est égal ou inférieur à 15 ou à 5, la chaudière est de 1re ou de 2e catégorie; elle est de 3e catégorie lorsque le produit dont il s'agit ne s'élève pas à 5.

14. — Les chaudières comprises dans la 1re catégorie ne peuvent pas être montées à moins de 3 mètres, quand elles sont parallèles, et à moins de 10 mètres, quand elles sont obliques ou perpendiculaires, d'une maison d'habitation voisine appartenant à des tiers ; elles ne peuvent pas non plus être établies dans un atelier surmonté d'étages. Les règles relatives à l'établissement des chaudières de 1re catégorie sont modifiées dans certains cas spéciaux, mais elles restreignent toujours notablement la faculté de monter ces appareils, surtout dans les villes où la contiguïté des locaux de chaudières avec les propriétés voisines est un fait presque général.

Les chaudières comprises dans la 2e catégorie ne peuvent être montées à l'intérieur d'un atelier faisant partie d'une maison habitée par des étrangers à la famille ou à l'établissement de l'industriel. Un mètre d'intervalle est exigé entre leur fourneau et les murs des habitations voisines.

Enfin, les chaudières de la 3e catégorie ne sont assujetties à d'autre condition que d'être séparées des habitations voisines par un espace vide de $0^m,50$.

On voit, par ce résumé succinct des dispositions réglementaires relatives à l'emplacement des chaudières, quelle importance la capacité de ces appareils peut acquérir dans des circonstances particulières. Fréquemment, elle aboutit à l'impossibilité d'établir un générateur d'une certaine puissance, ou tout au moins à l'exclusion des systèmes qui comportent une capacité même médiocre.

15. — Indépendamment des difficultés résultant des prescriptions administratives, d'autres obstacles s'opposent à l'établissement des chaudières volumineuses. Ces obstacles proviennent soit de la disposition des lieux qui ne peuvent pas toujours recevoir des appareils encombrants, soit de conditions diverses à remplir, incompatibles avec un grand volume ou un trop grand poids. C'est ce qui a lieu notamment pour les bateaux à vapeur et pour les machines destinées à se déplacer, telles que les locomobiles, les locomotives routières et les locomotives de chemin de fer.

A mesure que la machine à vapeur est entrée plus avant dans le domaine des applications, une double condition s'est imposée en s'accentuant de plus en plus : elle consiste dans un grand développement de la surface de chauffe coïncidant avec une réduction du volume et du poids. Tel est le mobile principal qui a inspiré le grand nombre de dispositions qui subsistent les unes à côté des autres, et qui présentent chacune des avantages et des inconvénients particuliers.

OBSERVATIONS SUR LA CAPACITÉ DES RÉSERVOIRS DE VAPEUR

16. — L'espace réservé dans les chaudières pour emmagasiner la vapeur, au fur et à mesure de sa formation, et dans lequel viennent puiser en quelque sorte les conduites qui la distribuent soit aux machines, soit à d'autres appareils, constitue ce qu'on appelle le *réservoir de vapeur*. Il importe que cet espace ait toujours une capacité assez considérable, pour que la quantité de vapeur consommée à chaque instant ne soit qu'une faible fraction de l'approvisionnement qu'il contient. Quand cette condition n'est pas remplie, la pression fléchit sensiblement au-dessus du liquide à chaque aspiration de la machine ; l'ébullition devient irrégulière ; alternativement violente et nulle. Il en résulte des projections et des entraînements d'eau, fâcheux au double point de vue de l'économie du combustible et de la bonne marche de la machine.

17. — C'est pour diminuer la quantité d'eau ainsi entraînée qu'on a adopté l'usage d'élever la prise de vapeur au-dessous de la chaudière elle-même au moyen d'un appendice bien connu sous le nom de *dôme*. On suppose que les globules d'eau soulevés par l'ébullition peuvent retomber avant de s'engager dans les conduites. Sans contester l'utilité du dôme de vapeur, il convient de faire remarquer qu'il ne peut suffire à son objet lorsque la capacité du réservoir est insuffisante.

Une disposition recommandable est celle qui laisse au plan d'eau supérieur de la chaudière une grande superficie ; le dégagement de la vapeur se fait alors avec plus de facilité, surtout si le tuyau de prise de vapeur, percé de nombreux orifices, s'allonge au-dessus de ce plan, de manière à répartir sur une grande étendue l'effet de succion qui se produit au moment où la vapeur s'écoule hors de la chaudière.

Observations relatives au nettoyage des chaudières.

18. — L'eau destinée à être vaporisée n'est généralement pas pure; elle contient des substances terreuses en dissolution; sa limpidité n'implique pas sa pureté, et l'eau de mer, par exemple, après avoir été filtrée, ne laisse pas que de contenir une grande proportion de sels en dissolution. Or, les substances dont il s'agit, ne se vaporisent pas avec l'eau qui les contient; elles restent dans la chaudière. Après donc qu'une certaine quantité d'eau a été vaporisée, elles sont en proportion trop grande dans le liquide pour pouvoir y demeurer dissoutes; elles s'en séparent alors et se précipitent. C'est ainsi que se forment les dépôts qui adhèrent souvent aux parois de la chaudière, et dont il importe extrêmement de la débarrasser. Dans ce but, on ménage dans les chaudières des ouvertures auxquelles on donne le nom de trous d'homme, lorsqu'elles permettent en effet à un homme ou à un enfant de pénétrer intérieurement pour effectuer le nettoyage. Dans le cas où la chaudière est tellement disposée, que l'intérieur ne peut admettre un homme, des ouvertures de moindres dimensions sont pratiquées qui permettent d'introduire les bras et les outils destinés à opérer le nettoyage. Toutes ces ouvertures, rondes ou ovales, sont fermées pendant la marche au moyen d'un tampon en fer ou en fonte, disposé de manière à ce que la pression qui s'exerce du dedans au dehors ajoute

ses effets à ceux de l'armature destinée à produire le serrage du tampon contre le cadre en fonte qui le contient, ou contre les bords du métal de la chaudière, si ce cadre n'existe pas. Une garniture de matière plastique, capable de résister aux effets combinés de la chaleur et de l'humidité, interposée entre les bords du tampon et de l'ouverture, donne à cet assemblage l'étanchéité nécessaire.

La condition pour toute chaudière de pouvoir être nettoyée dans ses diverses parties est très-importante. Le nettoyage exerce une grande influence sur la production et sur la durée des appareils. Les dépôts terreux connus sous le nom de *tartre* sont très-mauvais conducteurs ; ils s'opposent à la transmission de la chaleur jusqu'à l'eau, et par suite à la vaporisation. En isolant le métal du contact de l'eau, ils empêchent son refroidissement de telle sorte, que ce métal peut rougir, même brûler, et donner ainsi lieu aux plus graves accidents. On estime qu'une chaudière enduite de tartre sur 3 à 4 millimètres d'épaisseur produit de 15 à 20 % moins de vapeur qu'à l'état de propreté.

Observations sur la forme et sur l'épaisseur des chaudières.

19. — La grandeur des efforts supportés par les chaudières oblige à leur donner une grande résistance. La première condition à remplir dans ce but consiste dans l'emploi de matériaux très-tenaces, tels que le cuivre, le fer et l'acier, qui présentent une grande résistance sous une faible épaisseur. La fonte, employée autrefois, est aujourd'hui complétement abandonnée, du moins en France, pour les parties soumises à l'action du feu, parce qu'un changement brusque de température l'expose à se rompre.

La seconde condition consiste dans la forme des générateurs, parce que cette forme exerce une grande influence sur la résistance des parois.

La forme sphérique est celle qui comporte le plus grand volume pour une étendue donnée de l'enveloppe. Il n'y a dès lors pas de raison pour que cette forme soit altérée par une pression élastique s'exerçant intérieurement avec égalité dans tous les sens; une pareille pression, si elle est très-énergique, peut tendre à agrandir la sphère, mais non à la déformer, comme on le voit dans les bulles de savon qui grossissent quand on les souffle, sans cesser pour cela d'être sphériques. L'enveloppe se trouve alors étirée dans tous les sens, mais nullement tordue ou infléchie; elle n'éprouve, en conséquence, que des efforts de traction pour lesquels sa résistance est la plus grande possible. Si donc on pouvait donner la forme sphérique aux parois des chaudières, on se trouverait dans les meilleures conditions. Mais cette forme se prête mal à l'établissement des chaudières d'une puissance de vaporisation un peu notable, précisément parce qu'elle présente, comme on vient de le dire, le volume le plus encombrant, pour une surface d'enveloppe, et par suite pour une surface de chauffe donnée.

Après la forme sphérique, celle qui possède le mieux la propriété d'être indéformable, c'est la forme cylindrique, à base de cercle. De même que la sphère, le cylindre n'éprouve d'autre effet de la part d'une pression intérieure que des efforts de traction dirigés dans le sens du métal. Cette forme convient parfaitement à la destination des chaudières; car elle joint à l'avantage d'être indéformable, celui de pouvoir présenter une surface très-étendue avec un volume modéré. Aussi est-elle préférée à toute autre, à moins de motifs particuliers qui seront examinés à l'occasion. Dans le cas où elle n'est pas adoptée, on prend des mesures pour corriger les inconvénients de la forme qui lui est substituée. Ces mesures consistent dans des armatures appropriées, destinées à combattre et à empêcher les déformations.

20. — L'épaisseur du métal des chaudières est soumise, comme

les dimensions de la plupart des constructions, à des règles basées sur les principes de la mécanique et sur les faits d'expérience. Les calculs peuvent être assez compliqués quand il s'agit de formes planes soutenues par des armatures, ou de formes autres que celles sphériques ou cylindriques. Pour ces dernières, on admet que les épaisseurs doivent être proportionnelles aux efforts qui varient eux-mêmes comme les diamètres et comme les pressions effectives de marche. La formule générale qui donne l'épaisseur est de la forme :

$$e = kdp + c.$$

dans laquelle e exprime l'épaisseur ;

k un coefficient variable avec la nature du métal et la garantie de sécurité qu'on se propose ;

p la pression *effective*, exprimée en kilogramme par centimètre carré ;

d le diamètre ;

c une quantité constante destinée à compenser les causes de destruction indépendantes de la pression de marche.

Les règlement de 1843 imposaient, pour les parties cylindriques, les épaisseurs en millimètres que donnait cette formule dans laquelle on faisait $k = 1,8$; $c = 3$ et d égal au diamètre exprimé en mètres. Alors les chaudières devaient subir une pression d'épreuve triple de celle à laquelle elles devaient fonctionner ; on ne faisait pas de distinction à l'égard de la qualité des matériaux employés, qui n'étaient autres que la tôle et le cuivre ; on n'admettait pas les épaisseurs supérieures à 15 millimètres, et par conséquent les diamètres ou les pressions de marche qui aboutissaient à une épaisseur plus grande se trouvaient exclus. En outre, tout corps cylindrique pressé extérieurement devait avoir une fois et demie l'épaisseur donnée par la formule ; enfin, les parois planes devaient être reconnues suffisamment consolidées par les ingénieurs de l'administration.

Ces prescriptions, qui régissent encore les chaudières établies à bord des bateaux, ont été supprimées pour les autres. La construction des chaudières n'est plus soumise qu'à la condition d'une épreuve faite à une pression double de celle qui ne doit pas être dépassée en marche tant que celle-ci est inférieure à 6 kilogrammes ; dans le cas contraire, la pression d'épreuve n'est supérieure que de 6 kilogrammes à la pression limite. Pendant qu'elle subit cette pression d'épreuve, la chaudière ne doit présenter ni fuites, ni déformations permanentes. La fin est ainsi exigée, mais les moyens d'y parvenir ne sont pas imposés. Les constructeurs peuvent en conséquence tenir compte de la qualité des matériaux et profiter de la réduction du taux de l'épreuve. Beaucoup agissent de sentiment, et quelques-uns, trop hardis, assument une lourde responsabilité en abusant de ces dispositions libérales. D'autres continuent à appliquer les règles du passé sans y être contraints, persuadés que si elles étaient bonnes autrefois, elles n'ont pas cessé de l'être aujourd'hui. Il paraît cependant assez rationnel d'admettre des épaisseurs moindres que celles qui résultent de la formule qui avait été arrêtée en vue d'une épreuve faite au triple de la pression de marche. L'épreuve actuelle se bornant au double, le coefficient 1,8 notamment pourrait à la rigueur être abaissé à 1,2 et la constante 3 à 2. L'emploi de l'acier conduit à des épaisseurs encore plus faibles que l'administration, dès avant 1865, avait elle-même réglées aux 2/3 de celles calculées avec la formule de 1843.

Dispositions vicieuses des chaudières.

21. — Un chaudière qui a résisté à l'épreuve légale peut présenter des dispositions défectueuses qui en rendent l'emploi dangereux. Le timbre poinçonné qu'elle porte ne garantit rien à cet égard, et signifie seulement que la chaudière n'a pas fui à l'épreuve. Il faut donc,

malgré la présence du timbre, se tenir en garde contre les vices de forme ou de construction dont l'appréciation est laissée tout entière au jugement des acquéreurs.

Les principaux vices de forme ou de construction sont les suivants :

1° Des parois qui présentent une forme défavorable pour résister à la pression intérieure sans être suffisamment consolidées.

2° Les dispositions qui peuvent donner lieu à la formation de chambres de vapeur dans les parties chauffées. Au nombre de ces dispositions, il faut comprendre les communications trop étroites entre les différentes parties des chaudières. Les chambres de vapeur, en privant le métal du contact de l'eau, favorisent son suréchauffement et peuvent provoquer l'explosion des chaudières.

3° Une hauteur de chaudière au-dessus des parties chauffées, insuffisante pour admettre à la fois un réservoir de vapeur d'une capacité convenable et le niveau de l'eau réglementaire à $0^m,10$ au-dessus de la partie la plus élevée des carneaux, tubes ou conduits de la flamme et de la fumée. Avec un générateur qui présente ce grave défaut, on ne peut faire marcher convenablement la machine sans enfreindre le règlement et sans encourir une répression correctionnelle, à raison du danger que crée une hauteur d'eau insuffisante ; réciproquement l'observation des règles administratives et de prudence réalise des conditions de marche préjudiciables ou même impossibles.

4° Des espaces chauffés contenant de l'eau, mais inaccessibles au nettoyage. Ces espaces ne tardent pas à s'incruster et à créer les dangers d'explosion qui résultent de la présence du tartre dans les chaudières.

Indépendamment des dispositions défectueuses qui viennent d'être énumérées, et qui sont toutes relatives à la sécurité des chaudières, il en est d'autres qui intéressent leur fonctionnement. C'est ainsi, par

exemple, qu'un fourneau en maçonnerie ou une cheminée mal disposés empêchent de tirer parti d'une chaudière d'ailleurs irrépro-
chable. On conçoit que des inconvénients du même genre peuvent
exister dans les chaudières qui sont à elles-mêmes leur propre fourneau. D'autres inconvénients peuvent être la conséquence d'une
mauvaise installation des appareils accessoires. Ces différents sujets
sont amplement développés dans des ouvrages spéciaux bien connus.

CHAUDIÈRES CYLINDRIQUES

I

Notes relatives aux chaudières cylindriques.

FORMES DES ANCIENNES CHAUDIÈRES

22. — A l'origine des applications de la vapeur, la force élastique en usage excédait à peine une atmosphère absolue; les parois des chaudières étant pressées extérieurement par l'atmosphère, elles n'étaient en définitive sollicitées à se briser que par les poussées de l'eau. Il suffisait, en conséquence, qu'elles eussent la résistance des vaisseaux ordinaires.

23. — La question de forme ne présentait donc, à cette époque, qu'un intérêt secondaire; aussi les premières chaudières à vapeur comportaient-elles souvent des faces planes d'une certaine étendue privées de toute armature supplémentaire. Newcomen avait adopté la forme d'un tronc de cône vertical et renversé, à *fond concave*, surmonté d'une coupole hémisphérique (fig. **1**). Plus tard, et dans le but spécial d'obtenir une surface de chauffe plus étendue et mieux disposée pour absorber la chaleur, Watt adopta la forme dite à *tombeau*, qui comporte des parois planes et concaves, très-facilement déformables, dont la figure **2** donne une idée. Mais lorsque les progrès réalisés eurent fait admettre dans la pratique des pressions plus élevées, on dut recourir à la forme cylindrique qui, à l'avantage d'être indéformable et très-résistante, joint celui d'être d'une construction simple, facile, et par suite économique.

Chaudière cylindrique.

24. — Les chaudières formées d'un seul corps cylindrique sont fréquemment employées pour les générateurs de faible importance. Jusqu'à trois chevaux, la capacité peut être réglée de manière à ce qu'elles restent comprises dans la 3° catégorie. La figure **3** représente une chaudière cylindrique du type dont il s'agit. Elle consiste en un cylindre horizontal formé d'une ou de plusieurs viroles de tôle emboîtées l'une dans l'autre et terminé par deux calottes hémisphériques. Elle est surmontée d'un cylindre vertical, formant dôme, fixé au corps principal au moyen de forts rivets en fer. Ce dôme, on le sait, a pour but d'augmenter la capacité du réservoir de vapeur et d'élever la prise de vapeur au-dessus du niveau de l'eau.

On a ménagé à la partie supérieure de cette chaudière une ouverture de trou d'homme qui permet d'y entrer pour la nettoyer dans toutes ses parties.

L'usage du trou d'homme est subordonné au diamètre de la chaudière, qui doit être assez grand pour recevoir la personne chargée du nettoyage. Lorsque ce diamètre est très-réduit, l'ouverture servant au passage des bras et des outils est située dans l'un des fonds du corps horizontal qui fait saillie, dans ce cas, en dehors du fourneau.

Le chauffage de la chaudière installée dans un fourneau en maçonnerie approprié se fait à une extrémité où se trouve le foyer. A la suite du foyer, on ménage entre la chaudière et la maçonnerie une ou plusieurs galeries, nommées carneaux, qui aboutissent finalement à la cheminée. Un dispositif spécial, appelé registre, permet de régler le tirage.

Avec la chaudière formée d'un seul corps, on ne peut obtenir une puissance de vaporisation considérable qu'à la condition d'augmenter notablement ses dimensions ; mais au delà d'une certaine mesure, on rencontre des inconvénients sérieux. L'espace occupé par le générateur devient très-grand et la capacité de l'appareil croît plus rapidement que sa puissance de vaporisation. Aussi les constructeurs ont-ils peu tardé à modifier le type qui nous occupe en répartissant le volume total de la chaudière sur plusieurs corps cylindriques superposés, de manière à supprimer, à la fois, les dimensions exagérées de l'appareil, un trop grand accroissement de sa capacité et, par ce fait, les inconvénients qui découlent de ces conditions.

Chaudières à bouilleurs (fig. **4, 5, 6** et **7**).

25. — Les figures **4, 5, 6** et **7** représentent des chaudières cylindriques modifiées dans le sens des observations qui précèdent :

Ces appareils se composent d'un corps principal à peu près semblable à celui qui vient d'être décrit, muni d'un dôme et d'un trou d'homme pour le nettoyage. On désigne cette partie du générateur sous le nom de chaudière proprement dite. Un, deux, ou trois autres corps cylindriques d'un diamètre plus petit sont situés au-dessous de la chaudière, et réunis à elle au moyen de tubulures creuses appelées *cuissards*, qui établissent une ou plusieurs communications entre chacun d'eux et le corps principal. On désigne les corps cylindriques supplémentaires sous le nom de *bouilleurs*, sans doute parce que, plus exposés que la chaudière à l'action de la chaleur, ils sont les organes les plus actifs de l'ébullition.

Les bouilleurs sont munis de trous d'homme à une de leurs extrémités, afin qu'on puisse s'y introduire pour en effectuer le nettoyage. Lorsque leur longueur est considérable, un pareil trou d'homme placé à chaque extrémité facilite le travail en rendant le séjour et la circulation des ouvriers dans les bouilleurs moins pénibles.

26. — Pour ne pas enlever aux bouilleurs la propriété d'être accessibles intérieurement, il faut se garder de leur donner un trop petit diamètre. Ce diamètre ne doit pas être inférieur à $0^m,50$. Lorsqu'il s'abaisse à $0^m,45$, on ne peut plus y introduire qu'un enfant, et le travail du nettoyage qui nécessite souvent l'emploi d'une certaine force musculaire, court le risque d'être fait d'une manière incomplète.

27. — Il est bon, toutes les fois qu'il n'y a pas de motifs qui s'y opposent, de placer le trou d'homme au sommet du dôme plutôt que sur la chaudière elle-même. On évite ainsi de multiplier sans nécessité dans cette partie le nombre des ouvertures qui l'affaiblissent, et l'on conserve ainsi un plus grand espace disponible pour l'adaptation commode des appareils de sûreté.

La pièce en fonte formant le cadre du trou d'homme, peut porter alors des tubulures avec brides venues à la fonte en même temps que la pièce elle-même, lesquelles servent à faciliter le raccordement des conduites de vapeur (fig. **4, 5, 6** et **7**).

28. — Les fonds des chaudières cylindriques que l'on construit actuellement sont généralement formés d'une seule pièce de métal embouti à chaud dans une matrice présentant la forme d'une calotte

sphérique, appartenant à une sphère d'un diamètre plus grand que celui de la chaudière. Ils sont moins résistants que les fonds hémi-sphériques, mais à égalité d'épaisseur, ces fonds présentent en général autant de résistance que la partie cylindrique du générateur. Leur construction n'exigeant pas l'emploi des clouures multiples et des croisements de tôle, les rend moins sujets à brûler et d'un établissement plus économique que les fonds hémisphériques.

29. — Quelques constructeurs ajoutent au fond antérieur de la chaudière un appendice cylindrique terminé par une pièce de fonte qui dépasse faiblement ou affleure le parement de la façade du fourneau (fig. **5**). Cette disposition permet d'adapter le tube en verre indicateur du niveau de l'eau sur la chaudière elle-même; elle supprime par conséquent l'emploi des tuyaux étroits destinés à mettre ce tube indicateur en communication avec la chaudière, lesquels sont sujets à se boucher par le tartre et à brûler.

TUBULURES DE COMMUNICATION.

30. — Les tubulures de communication reliant la chaudière aux bouilleurs sont démontables ou fixes. On a autrefois attaché beaucoup d'importance à ce que diverses parties de la chaudière à bouilleurs pussent être séparées les unes des autres, en cas de réparation à faire aux bouilleurs, qui sont le plus exposés aux avaries causées par le feu. Dans ce but, la chaudière et chacun des bouilleurs étaient munis d'une tubulure d'attente disposée de manière à pouvoir s'emboîter avec sa contre-partie (fig. **4** *bis*). L'espace annulaire ménagé pour la facilité du montage entre les parties qui se pénètrent, était ensuite rempli, par un ouvrier placé à l'intérieur, avec du mastic de fonte bien comprimé, qui adhérait fortement aux pièces, lorsqu'il avait séché et durci. L'assemblage était en outre consolidé au moyen d'une armature composée d'un fort tirant taraudé, serré sur deux étriers s'appuyant chacun contre la paroi intérieure des corps cylindriques réunis par l'assemblage.

La pratique a montré que les avantages de ce système sont plus apparents que réels. Pour opérer le démontage, il faut en effet desserrer l'écrou du tirant ; mais cette pièce est presque toujours oxydée au point de nécessiter qu'elle soit coupée ; il faut en outre buriner le mastic très-dur qui garnit l'assemblage, au risque d'endommager la tôle extérieure et au prix de difficultés plus grandes que celles qu'on rencontre lorsqu'il s'agit de dériver d'un seul bout les tubulures, beaucoup plus simples et moins dispendieuses, adoptées généralement aujourd'hui par les constructeurs. Ces dernières sont représentées dans les figures **4, 5, 6** et **7**.

31. — Une condition importante que les communications doivent remplir, c'est d'avoir une section ou un diamètre suffisant pour que l'eau contenue dans le corps supérieur puisse s'écouler, en même temps que la vapeur qui se forme abondamment dans les bouilleurs, les traverse en sens contraire pour se rendre dans ce corps supérieur. Faute de communications assez grandes, des bouilleurs se sont vidés presque entièrement, bien que la chaudière contînt de l'eau, et ont occasionné des explosions.

C'est à raison des chambres de vapeur qui se forment dans les bouilleurs que la partie supérieure de ceux-ci est souvent, au détriment de la surface de chauffe, enveloppée dans la maçonnerie du fourneau, afin d'être moins exposée à brûler. Il paraîtrait cependant plus rationnel d'éviter ces chambres de vapeur en multipliant les communications, comme on est d'ailleurs obligé de le faire quand la chaudière et les bouilleurs ont une grande longueur ; mais on redoute l'effet des dilatations inégales des parties reliées entre elles. Cependant en donnant à ces communications une certaine hauteur, elles possèdent assez de flexibilité pour que cet inconvénient ne soit pas à craindre. On n'en pourrait pas dire autant des communications très-basses adoptées par certains constructeurs (voir fig. **6**).

DISPOSITIONS DES FOURNEAUX.

32. — Le fourneau des chaudières à bouilleurs ne diffère de celui de la chaudière sans bouilleurs que par la disposition des carneaux qui forment ordinairement un double étage séparé par un plancher en briques. L'étage inférieur contient le foyer et les bouilleurs, tandis que la chaudière est entourée par le ou les carneaux de l'étage supérieur qui communiquent avec la cheminée.

33. — Une précaution à recommander dans l'établissement des fourneaux des chaudières cylindriques avec ou sans bouilleurs, consiste à disposer les carneaux supérieurs de telle façon qu'ils n'embrassent pas la chaudière sur une trop grande hauteur. C'est à tort qu'on croit augmenter la puissance de vaporisation en opérant autrement. La vapeur humide que fournit la chaudière, lorsque le réservoir de vapeur a des dimensions restreintes, occasionne une perte de chaleur bien supérieure à l'économie qui peut résulter d'une faible augmentation de la surface indirecte de chauffe, et nuit en outre à la marche de la machine. Au lieu donc de subordonner les dimensions du réservoir de vapeur à la hauteur des carneaux qui doivent, on le sait, être à un niveau inférieur de $0^m,10$ à celui du plan d'eau dans la chaudière, on doit faire le contraire. Quantité de fourneaux ont dû être reconstruits, qui présentaient le seul défaut d'avoir des carneaux trop élevés. (Voir *Notes préliminaires, Dispositions vicieuses des chaudières*, n° 21, § 3.)

34. — A puissance de vaporisation égale, les chaudières à bouilleurs présentent sur celles qui en sont dépourvus les avantages suivants.:

1° De moindres dimensions extérieures qui les rendent moins encombrantes.

2° Des diamètres moindres, ce qui permet d'employer des tôles plus minces, tout en conservant les mêmes garanties de sécurité.

3° Une moindre capacité, c'est-à-dire de moindres inconvénients en cas de rupture ; une faculté plus étendue pour l'installation des générateurs d'une certaine puissance dans des circonstances particulières (1) ; une mise en pression plus rapide, sans préjudice pour la régularité de la vaporisation et la facile conduite du feu.

Chaudières à bouilleurs latéraux (fig. 8.)

35. — MM. Farcot, constructeurs à Saint-Ouen, ont inauguré en 1845 la chaudière cylindrique à bouilleurs latéraux.

(1) Jusqu'à cinq et même six chevaux, elles peuvent appartenir à la 3° catégorie, et jusqu'à douze chevaux à la 2°.

Dans ce système, la chaudière proprement dite est installée à l'intérieur d'un fourneau absolument comme celle cylindrique sans bouilleurs, précédemment décrite. Mais, sur l'un des côtés de ce fourneau, et dans la même maçonnerie, on réserve une galerie divisée en plusieurs compartiments longitudinaux superposés formant carneaux, dans chacun desquels est logé un bouilleur.

Le nombre de ces bouilleurs peut être plus ou moins grand, il est généralement réduit à deux.

Une tubulure démontable relie la chaudière au bouilleur inférieur, et celui-ci est mis en communication avec celui qui le surmonte par un tuyau assemblé, au moyen d'une bride, avec une tubulure en fonte qui fait partie de la tête en fonte de chaque bouilleur.

36. — L'eau d'alimentation introduite dans le bouilleur supérieur se rend successivement dans le bouilleur inférieur et dans la chaudière, tandis que les gaz de la combustion, progressant en sens inverse, quittent le carneau de la chaudière pour se rendre dans le carneau du bouilleur inférieur, et, de là, dans le carneau supérieur, lequel communique lui-même avec la cheminée. Dans ces conditions, les gaz de la combustion rencontrent d'abord le corps de la chaudière où il importe que l'eau soit très-chaude pour que la tension de la vapeur soit élevée ; au fur et à mesure qu'ils se refroidissent, ils rencontrent des parties du générateur où la température de l'eau est de plus en plus basse, ce qui est une condition favorable à la bonne utilisation de la chaleur. A ce point de vue, la disposition des bouilleurs dans le système Farcot est préférable à celles des bouilleurs situés au-dessous de la chaudière et chauffés directement. Mais l'avantage par lequel les chaudières à bouilleurs latéraux se recommandent particulièrement, consiste en ce que les bouilleurs où se forme la plus grande partie des dépôts terreux sont beaucoup moins fortement chauffés dans ce système que dans les chaudières ordinaires, et par suite beaucoup moins exposés à souffrir de la présence du tartre.

37. — (Fig. **9**.) M. Cail a réalisé la condition de faire circuler en sens inverse les gaz chauds et l'eau d'alimentation dans les générateurs à bouilleurs inférieurs, en disposant le fourneau de manière à ce que le foyer soit situé directement au-dessous de la chaudière, tandis que les bouilleurs occupent un carneau inférieur dans lequel les gaz circulent après s'être déjà refroidis. Cette disposition présente des avantages analogues à ceux de l'appareil de M. Farcot, mais la tête des bouilleurs qui débouche à l'arrière du cendrier, est d'un accès incommode qui rend l'exécution des joints de trous d'homme pénible et difficile.

38. — La disposition du générateur (fig. **10**) est due à M. Artige, mécanicien à Paris. Ce générateur consiste en deux ou trois corps de chaudières chauffés directement au moyen d'une seule grille, tandis que les générateurs précédents de Cail et de Farcot, ne possèdent qu'une seule chaudière proprement dite. Dans ces conditions, la surface de chauffe directe a pu être développée sans que la capacité augmentât, tout en conservant de faibles diamètres. Deux bouilleurs inférieurs et deux bouilleurs latéraux accompagnent ces trois corps de chaudières, et sont chauffés de manière à ce que les gaz chauds circulent en sens inverse de l'eau d'alimentation, comme dans les précédents systèmes ; ils sont, en outre, assez fortement inclinés, ce qui favorise le départ de l'eau échauffée vers la chaudière. Les tubulures de communication sont extérieures et se raccordent avec les divers corps au moyen de brides boulonnées. Enfin, chaque partie de l'appareil est munie à chaque extrémité d'un trou d'homme de nettoyage.

Le tartre se déposant dans les bouilleurs latéraux assez faiblement chauffés pour que les accidents de coup de feu ne soient pas à redouter, la surface de chauffe considérable des autres parties de l'appareil conserve intacte sa faculté d'absorption pour la chaleur, et les gaz ne quittent, en conséquence, le fourneau qu'après avoir été convenablement refroidis.

Ces conditions, auxquelles il convient d'ajouter le rendement assez faible qu'on exige de la surface de chauffe, sont de nature à procurer une notable économie de combustible. Mais il est évident que la disposition dont il s'agit ne peut être adoptée que pour des générateurs puissants.

CHAUDIÈRES A BOUILLEURS RÉCHAUFFEURS.

39. — On peut remédier à l'infériorité que les chaudières à bouilleurs ordinaires présentent, au point de vue des incrustations par rapport à celles à bouilleurs latéraux, en leur associant un bouilleur supplémentaire, installé de manière à n'être chauffé que par un dernier retour de flamme. L'alimentation se fait alors dans ce bouilleur supplémentaire, qu'on met en communication avec les autres parties du générateur par un tuyau plongeant dans les bouilleurs inférieurs. On désigne cet organe supplémentaire sous le nom de *bouilleur réchauffeur*; il fonctionne d'une manière identique à ceux de MM. Farcot, auxquels la même épithète est souvent appliquée.

CHAUDIÈRES

A FOYERS ET CONDUITS DE FLAMMES INTÉRIEURS

II

Notes sur les chaudières à foyers et conduits de flammes intérieurs.

40. — On a vu, dans la note n° 24, comment la chaudière
cylindrique a été perfectionnée par l'adjonction de bouilleurs au
corps cylindrique principal. Un autre mode de perfectionnement a
été adopté par nombre de constructeurs, surtout en Angleterre ; il
permet de donner une grande surface de chauffe à la chaudière cylindrique sans beaucoup augmenter sa capacité. Il paraît être né du
désir d'éviter la déperdition de la chaleur par la maçonnerie du
fourneau. Avec ce système, on peut en effet établir un générateur
sans fourneau extérieur, le corps de la chaudière étant traversé par
un cylindre creux assez grand pour contenir un foyer à l'une de ses
extrémités et présentant en même temps une certaine surface de
chauffe (fig. **11**).

Mais tant qu'on se borne à chauffer le cylindre intérieur, on n'obtient pas une surface de vaporisation plus grande que celle que

donne un simple corps cylindrique chauffé extérieurement; on n'obtient même pas l'économie de combustible sur laquelle on avait compté, parce que les gaz de la combustion, parcourant un espace insuffisant, ne peuvent être dépouillés de toute la chaleur qu'ils contiennent. Au contraire, on atteint ce double but en obligeant les gaz chauds, après qu'ils ont quitté le conduit intérieur, à circuler autour de la partie de l'enveloppe extérieure, située en contrebas du niveau de l'eau, dans les carneaux d'un fourneau en maçonnerie. Tel est d'ailleurs le mode d'installation généralement adopté, en Angleterre comme en France, pour le système de chaudières dont il s'agit ici.

41. — La construction de l'appareil (fig. **11**) ne présente pas de difficultés spéciales. Nous remarquerons toutefois que le corps cylindrique intérieur doit avoir un diamètre suffisant pour fournir une largeur de grille et une hauteur de ciel convenables, et que la position excentrique qu'il occupe dans la chaudière, afin d'être le plus possible au-dessous du niveau de l'eau, ne dispense pas de donner un très-grand diamètre à l'enveloppe extérieure. C'est une conséquence de l'obligation où l'on est de donner au segment cylindrique qui surmonte le plan d'eau une flèche assez grande pour qu'il constitue un réservoir de vapeur d'une certaine capacité. (Voir n° 16.)

Quant aux fonds plats qui terminent la chaudière, ils ne sont soumis à la pression intérieure que dans l'espace annulaire compris entre les corps cylindriques sur chacun desquels ils sont rivés, et leur épaisseur dispense généralement de les renforcer par des armatures supplémentaires.

Des ouvertures de trou d'homme permettent de pénétrer à l'intérieur pour effectuer le nettoyage, qui ne laisse pas que de présenter quelque difficulté pour la partie comprise entre le dessous du conduit intérieur et la chaudière.

42. — (Fig. **12**.) On doit à M. Fairbern, ingénieur anglais, une disposition de chaudière qui contient deux corps cylindriques intérieurs servant de foyers (fig. **12**), et dont les propriétés sont analogues à celles de la chaudière à un seul foyer qui vient d'être décrite.

43. — La figure **13** représente une chaudière à foyer intérieur surmontée d'un réservoir cylindrique supérieur, auquel elle est réunie par deux tubulures de communication de grand diamètre. Cette disposition permet de donner beaucoup plus d'étendue à la surface de chauffe extérieure, qui comprend, en effet, non-seulement *toute* l'enveloppe de la chaudière proprement dite, mais encore la partie inférieure du réservoir. Ce réservoir, muni d'un trou d'homme, peut être facilement nettoyé; quant à la chaudière à l'intérieur de laquelle un ouvrier peut accéder par les larges communications qui viennent d'être mentionnées, elle donne lieu aux mêmes difficultés que le modèle précédent.

La chaudière dont il s'agit ici est une combinaison de la chaudière à corps cylindriques multiples et de celle à foyer et conduit de flamme intérieurs. En conséquence, ses propriétés participent de celles reconnues à chacun de ces types séparément.

44. — (Fig. **14**.) La dernière observation qui vient d'être faite s'applique à la chaudière représentée figure **14**, laquelle comporte un bouilleur ordinaire. Ce bouilleur, situé en arrière du foyer, dans le conduit de flamme intérieur, augmente la surface de chauffe de l'appareil. Malgré le dôme volumineux qui la surmonte, la chaudière présente et doit présenter un très-grand diamètre, afin que l'espace compris entre elle et le conduit intérieur conserve la faculté de recevoir l'ouvrier chargé du nettoyage.

La disposition dont il s'agit est bien connue sous le nom de chaudière du Cornwall; la réputation d'économie qu'elle s'est acquise provient du grand développement donné à la surface de chauffe. (Voir n° 6, *Notes préliminaires, Rendement de la surface de chauffe.*)

45. — (Fig. **15**.) La chaudière anglaise de M. Galloway (fig. **15**) se compose d'une enveloppe extérieure contenant deux foyers placés à sa partie antérieure, selon le système de M. Fairbern (voir fig. **11**), et d'un seul conduit de flamme de forme ovale, aplatie au ciel, dans le reste de sa longueur. La forme de ce dernier conduit ne présente pas d'inconvénients au point de vue de la résistance, à cause des nombreuses tubulures coniques verticales qui l'entretoisent. Ces tubulures sont des bouilleurs qui augmentent considérablement la surface de chauffe ; ils sont avantageusement disposés pour un facile dégagement de la vapeur et pour une bonne utilisation de la chaleur.

46. — La forme aplatie du ciel et la répartition du foyer en deux cylindres permettent d'avoir un réservoir de vapeur d'une capacité notable, avec un diamètre d'enveloppe capable seulement de recevoir les deux foyers.

CONCLUSION

47. — Dans tous les cas, on est conduit, par l'adoption des foyers intérieurs, à donner des diamètres très-grands, et par suite des épaisseurs très-fortes aux enveloppes extérieures ; en outre, la réparation des conduits intérieurs exige un démontage total de la chaudière. Malgré ces inconvénients, les chaudières cylindriques à foyers intérieurs sont généralement adoptées en Angleterre. Les règlements qui ont pendant longtemps, en France, limité à 15 millimètres l'épaisseur maximum à donner aux parois des générateurs ont certainement contribué à écarter de notre pays les systèmes conduisant à de grands diamètres, et consacré en quelque sorte la chaudière à bouilleurs extérieurs, si généralement entrée dans nos habitudes. Mais les qualités de cette dernière, et notamment la facilité avec laquelle on peut remplacer les bouilleurs lorsqu'ils sont endommagés, nous paraissent justifier la faveur dont elle continue à jouir, même en l'absence de restrictions réglementaires.

CHAUDIÈRES TUBULAIRES

III

Notes sur les chaudières de locomotives.

48. — Dès son début, l'exploitation des chemins de fer a fait vivement ressentir le besoin de générateurs qui, sous un volume et sous un poids très-réduits, fussent capables de produire la vapeur nécessaire à l'alimentation de machines très-puissantes. C'est sous l'empire de cette nécessité que s'est faite l'invention des chaudières dites *tubulaires*, qui permet notamment de supprimer tout l'attirail relatif aux fourneaux extérieurs, sans diminuer notablement la surface de chauffe de l'appareil, ni l'utilisation de la chaleur.

49. — Les figures **16**, **17** et **18** représentent des types fréquemment employés pour les chaudières de locomotives.

Chacune de ces chaudières consiste en un corps cylindrique horizontal muni d'un fond à l'une de ses extrémités. Ce corps cylindrique est assemblé, par sa partie ouverte, avec une sorte de boîte prismatique percée d'une ouverture correspondante et contenant une autre boîte de dimensions un peu plus petites, établie de manière à ce qu'un espace vide sépare les faces correspondantes. Le fond inférieur manque à cette sorte de caisse à doubles parois, mais un cadre en fer rivé dans le bas les réunit de manière à assurer leur parfaite solidarité. —

La boîte intérieure a reçu le nom de *boîte à feu* ou de *foyer;* la boîte extérieure se nomme en conséquence *enveloppe du foyer.*

La face verticale de la boîte à feu située du côté du corps cylindrique supplée le fond absent de ce corps. Elle est percée, ainsi que le fond opposé, d'un grand nombre de trous correspondants, alésés avec précision ; ces trous reçoivent des tubes en métal de très-petit diamètre, qui s'étendent ainsi de l'arrière de la boîte à feu à l'arrière du corps cylindrique. Un serrage énergique des extrémités des tubes contre les bords des trous qu'ils traversent, augmenté souvent par l'introduction forcée de viroles ou bagues dans les orifices qu'ils présentent à ces extrémités, procure l'étanchéité des joints de réunion.

La chaudière est complétée par l'adjonction d'un dôme placé au-dessus, soit de l'enveloppe du foyer, soit du corps cylindrique.

L'eau introduite dans la chaudière occupe l'intervalle compris entre le foyer et son enveloppe, puis les espaces compris entre le corps cylindrique et le faisceau tubulaire, et entre les tubes eux-mêmes, qui sont ainsi baignés extérieurement.

Pendant la marche, l'air extérieur traverse le combustible placé sur une grille située au bas du foyer ; la flamme et les gaz chauds emplissent ce foyer et pénètrent à l'intérieur des tubes qu'ils parcourent dans toute leur longueur, pour se rendre à la cheminée en tôle établie au-dessus d'une *boîte à fumée* rapportée à l'extrémité postérieure : une porte, ménagée dans la façade du foyer et de l'enveloppe, permet d'effectuer le chargement de la grille et de surveiller a marche de l a combustion.

Ces diverses dispositions remplissent les mêmes fonctions que les fourneaux ordinaires ; mais les espaces exigés par le foyer et les carneaux sont empruntés à la capacité de la chaudière, au lieu de s'y ajouter. Il en résulte une notable diminution du poids de l'appareil. D'un autre côté, la multiplicité des parois créés par la division des conduits de fumée en faisceau tubulaire, donne à la surface de chauffe un développement extraordinaire qui procure à l'appareil la grande puissance de vaporisation dont il a besoin.

OBSERVATIONS SUR LA CONSOLIDATION DES FACES PLANES.

50. — Le foyer des chaudières de locomotives doit avoir des dimensions assez grandes pour que la grille et la chambre de combustion fonctionnent convenablement. Cette nécessité commande l'emploi des faces planes qui forment la boîte à feu et son enveloppe. On remédie à l'inconvénient de ces faces planes en les munissant d'armatures qui varient dans leurs dispositions selon les circonstances.

Lorsque les parois sont parallèles deux à deux, et disposées de telle sorte que la pression intérieure s'exerce entre elles, comme cela a lieu pour celles verticales de la boîte à feu et de son enveloppe, on les relie au moyen d'entretoises multipliées qui maintiennent leur écartement invariable. Dans ces conditions, l'une des parois ne peut céder à la pression qu'à la condition d'entraîner celle qui lui est associée ; mais il n'y a pas de raison pour que cet effet ait lieu, puisque la pression agit également pour repousser la paroi opposée. Par conséquent, les faces planes n'éprouvent aucune déformation, car elles sont assez épaisses pour ne pas s'infléchir entre les entretoises dont l'écartement et la grosseur doivent être calculés. Dans le cas où les entretoises ne seraient pas assez nombreuses ou ne présenteraient pas une résistance suffisante, elles se rompraient à l'épreuve. Si les écartements ou portées étaient trop considérables, les faces cédant à la pression se gondoleraient de manière à donner à l'ensemble quelque chose de l'aspect des tapisseries capitonnées.

Lorsque les faces planes d'une certaine étendue sont isolées, elles ne peuvent plus être consolidées au moyen d'entretoises. On se sert alors de pièces de fer assemblées avec elles et appelées *nervures.*

Ces nervures consistent en fortes bandes de tôles d'une certaine largeur fixées au moyen de rivets à la face à consolider, de manière à ce que leur épaisseur ou leur tranche soit appliquée sur le plat de la face. Ainsi assujettie et nervée, cette face ne peut se déformer qu'en courbant l'armature dans le sens de sa largeur; mais il est aisé de donner à celle-ci des dimensions assez grandes pour qu'elle raidisse suffisamment la partie consolidée (fig. **16.**)

Une simple cornière, deux cornières adossées ou un fer à T conviennent dans le cas où l'étendue de la paroi plane n'est pas trop considérable. Cette disposition peut être répétée plusieurs fois sur une certaine étendue (fig. A B C).

On établit des nervures du même genre qui procurent plus de rigidité, en intercalant une forte lame de tôle entre deux cornières adossées (fig. D).

Les dispositions qui précèdent ont besoin d'être modifiées lorsqu'elles doivent être appliquées à des parois planes fortement chauffées, comme l'est, par exemple, le ciel du foyer de la locomotive. Les nervures ordinaires, en augmentant l'épaisseur du métal, l'exposeraient, en effet, à brûler rapidement.

Dans ce cas, l'armature consiste en deux bandes de tôle accouplées par des traverses d'écartement. Sa tranche inférieure est échancrée de manière à n'établir que des contacts de peu d'étendue entre elle et le ciel du foyer ; enfin, des boulons garnis de leur tête et de leur écrou permettent de relier les armatures au ciel du foyer avec toute la solidité nécessaire.

Dans certains cas, on ajoute à l'effet des armatures en les reliant aux parties opposées par des tirants en fer.

––––––––––

51. — (Fig. **19.**) La chaudière de locomotive représentée par la figure **19**, ne diffère essentiellement de la précédente que par l'adap-

tation au-dessus du corps cylindrique de deux récipients tubulaires qui permettent de sécher et de surchauffer la vapeur avant son emploi.

Les différences de dimensions et celles de formes qui en découlent, ont été dictées par le besoin de réaliser, au moyen de ce type, des locomotives à marchandises d'une puissance exceptionnelle.

On remarquera que la forme plane donnée à la partie supérieure de l'enveloppe du foyer a permis de consolider le ciel au moyen d'entretoises analogues à celles qui maintiennent les faces verticales de la boîte à feu.

52. — (Fig. **20**.) La chaudière représentée figure **20** est adoptée dans beaucoup de locomotives de chemins de fer. Par ses dimensions réduites, elle convient aux locomotives d'importance secondaire, qu'emploient les entrepreneurs de travaux publics pour effectuer leurs terrassements. La maison Peteau et la maison Anjubault exploitée depuis plusieurs années par M. Corpet, successeur, à Paris, établissent, d'après ce type, des locomotives dont le poids varie depuis 2 jusqu'à 25 tonnes.

La seule particularité que ce type, déjà étudié figure **15**, nous fournisse l'occasion de relever, consiste dans les différentes largeurs que présente la boîte à feu. Le rétrécissement de la partie inférieure est commandé par l'écartement des longerons du bâti entre lesquels la chaudière est engagée.

53. — (Fig. **21** et **22**.) Les figures **21** et **22** représentent deux modèles de chaudières adoptées par M. Larmanjat, pour des locomotives routières de son invention. La disposition de la figure **21**, qui présente une grande analogie avec la chaudière précédemment décrite (fig. **18**), en diffère cependant par le réservoir longitudinal qui occupe toute l'étendue du corps cylindrique et qui débouche par l'une de ses extrémités dans l'enveloppe du foyer. Ce réservoir auxiliaire permet d'établir un plus grand nombre de tubes dans le corps cylindrique, sans augmenter son diamètre et sans annuler le réservoir de vapeur

de la chaudière ; mais il aurait l'inconvénient grave de déconsolider ce corps s'il était mis en communication avec lui autrement que par de très-petites ouvertures. Cet inconvénient ne serait d'ailleurs compensé par aucune résistance additionnelle, car l'action de la vapeur, qui tend à écarter les parois verticales du réservoir, s'ajoute à celle qui s'exerce à l'intérieur du corps cylindrique et qui tend à l'ouvrir. Des entretoises reliant ces parois verticales suffiraient pour combattre en partie ce dernier effet, mais elles ne sauraient rendre au corps cylindrique sa résistance primitive, si des ouvertures trop grandes l'avaient détruite.

La disposition de la figure **22** qui comporte également un réservoir longitudinal au-dessus du corps cylindrique, donne lieu aux mêmes observations que la précédente. Quant à la forme cylindrique verticale du foyer et de son enveloppe, forme adoptée depuis longtemps par beaucoup de constructeurs, dans la construction des machines locomobiles, elle sera étudiée plus loin. (Voir *Chaudières locomobiles.*)

CONCLUSION

54. — Aux avantages précédemment énoncés que présente le système tubulaire, avantages qui ont motivé son application générale aux chaudières locomotives, il convient d'opposer quelques réserves.

La moins importante se fonde sur le faible approvisionnement de l'eau contenue dans la chaudière, comparativement à celle qui est incessamment dépensée. Cette circonstance, dont l'influence a été appréciée dans les notes préliminaires, oblige le chauffeur à apporter dans la conduite du feu et dans l'alimentation une vigilance et un soin d'autant plus soutenus, que la régularité de la marche des trains est l'une des conditions les plus importantes à observer pour la sécurité des chemins de fer.

Une réserve plus grave est relative à la difficulté du nettoyage. Les espaces vides compris entre le foyer et son enveloppe, ainsi qu'entre le faisceau et la paroi du corps cylindrique présentant de très-faibles dimensions (c'est une des nécessités du système), il est impossible de pénétrer dans la chaudière pour en nettoyer toutes les parties. Quelques ouvertures par lesquelles les bras et les outils peuvent être introduits, sont bien placées en plusieurs points où ce nettoyage est le plus indispensable, mais le faisceau tubulaire échappe visiblement à tous les moyens. Lors donc que l'eau d'alimentation est impure, les tubes se couvrent de tartre; et, tôt ou tard, la couche s'en épaissit à ce point que la vaporisation cesse de pouvoir s'y effectuer convenablement. Dans ce cas, si l'on persiste à chauffer l'appareil, les parties incrustées finissent par brûler et par mettre la chaudière hors de service et en danger d'explosion. Brûlée ou non, la chaudière arrivée à cet état d'incrustation, ne peut être nettoyée sans être démontée, et ce travail, qui ne peut être exécuté que dans les ateliers de construction, entraîne un long chômage et une dépense considérable.

Les compagnies de chemins de fer conjurent autant que possible ce dernier inconvénient par les sacrifices qu'elles font pour se procurer des eaux peu chargées de sels calcaires, et par les lavages fréquents et méthodiques auxquels elles soumettent leurs machines.

Enfin la section totale des tubes est ordinairement trop faible par rapport à la surface de chauffe, et le tirage naturel cesse alors d'être suffisant pour déterminer la combustion d'une quantité de combustible proportionnée à la puissance de vaporisation de l'appareil.

On remédie à cette insuffisance en lançant la vapeur d'échappement dans la cheminée. Cette disposition a pour effet d'augmenter considérablement la vitesse d'écoulement des gaz brûlés et la quantité d'air qui traverse la grille dans un temps donné. Elle est indispensable et toujours adoptée dans les chaudières locomotives, dont la cheminée a très-peu de hauteur.

IV

Note sur les chaudières tubulaires fixes.

—

55. — La chaudière de locomotive est d'une construction dispen-
dieuse, et lorsqu'il s'agit d'une chaudière qui doit fonctionner à demeure, on peut bénéficier des avantages du système tubulaire en
l'appliquant d'une manière plus simple.

(Fig. **23**). La chaudière, en effet, peut se composer uniquement
d'un corps cylindrique à fonds plats percés chacun d'un certain nombre de trous correspondants. Des tubes introduits dans ces trous et
fixés comme il a été dit plus haut (n° 49), complètent ce type de
chaudières qu'on installe dans un fourneau en maçonnerie en tenant compte de ce fait, que le faisceau tubulaire doit fonctionner
comme un carneau.

Ainsi disposée, la chaudière est chauffée à la fois extérieurement
et intérieurement et sa surface de chauffe s'accroît considérablement
sans que son volume augmente.

56. — (Fig. **24** et **25**.) En plaçant un faisceau tubulaire dans le

corps principal d'une chaudière à bouilleurs, comme on vient de voir que cela peut avoir lieu pour celles sans bouilleurs, on obtient également une chaudière d'une grande puissance de vaporisation sans augmenter, et même en diminuant sa capacité et en abaissant par conséquent sa catégorie. De même que pour la chaudière précédente, le fourneau doit être établi de manière à ce que le faisceau tubulaire fonctionne comme un carneau.

57. — (Fig. **26**.) Appliqué aux chaudières avec ou sans bouilleurs, le système tubulaire donne lieu à des chaudières mixtes qui participent des propriétés des types combinés entre eux. Cette combinaison peut avoir lieu également entre le système tubulaire et celui des chaudières à foyer intérieur. La figure **26** en offre un exemple. L'appendice cylindrique situé au-dessous de la chaudière est destiné à recevoir l'extrémité du tuyau d'alimentation.

(Fig. **27**). La chaudière n° **27** représente la combinaison d'une chaudière à deux foyers intérieurs de M. Fairbern avec le système tubulaire. Une chambre intermédiaire qui sépare l'arrière des conduits de flamme de l'avant du faisceau tubulaire est nécessaire pour le raccordement des deux parties. Les cendres et la suie qui y sont repoussées lorsqu'on écouvillonne les tubes pour les nettoyer, peuvent être facilement extraites par l'ouverture ménagée dans sa partie inférieure. Quant aux fers à T qui consolident le ciel presque plat de cette chambre, et qui s'appuient sur les plaques tubulaires qui la terminent à l'avant et à l'arrière, il ne paraît pas possible de les recommander. Le ciel étant fortement chauffé peut avoir à souffrir du contact étendu de ces nervures. Les armatures ordinaires des ciels de foyers de locomotives auraient trouvé là une judicieuse application.

(Fig. **28**.) La chaudière n° **28** offre beaucoup d'analogie avec celle n° **23**. Elle s'en distingue par ses dimensions plus petites et par cette particularité que la cheminée traverse le réservoir de vapeur, relativement très-élevé, dont elle est munie ; circonstance qui contribue dans une certaine mesure à procurer de la vapeur sèche.

58. — (Fig. **29**.) La chaudière n° **29** ressemble également beaucoup, aux dimensions près, à celle n° **26**. Construite pour les besoins des lavoirs publics, elle comporte un récipient logé dans un second dôme. Ce récipient fonctionne comme les chaudières à lessive, sans que la vapeur du générateur y soit cependant admise. Le chauffage de la lessive est produit, en effet, par le contact de la vapeur de la chaudière. Lorsque la température de la lessive et la tension de sa vapeur sont assez élevées, elle s'engage dans un tuyau plongeur et ascenseur qui l'amène au cuvier. Ce mode de fonctionnement est commun aux monte-jus et à l'appareil inventé par Salomon de Caus.

59. — (Fig. **30.**) La chaudière représentée par la figure **30** ressemble à une chaudière de locomotive dont la boîte à feu serait privée de façade et réduite à une hauteur assez faible pour ne pas descendre en contre-bas du corps cylindrique. Cette disposition permet de supprimer les faces planes de la boîte à feu et de son enveloppe, ainsi que la plupart des entretoises destinées à les maintenir. Malgré la large solution de continuité qui existe dans le bas du foyer et du cylindre de l'enveloppe, ces parties sollicitées à se déformer en sens inverses par la pression intérieure se maintiennent réciproquement par l'effet de la rivure et des deux rangées d'entretoises qui les assemblent de chaque côté.

La diminution de capacité du foyer résultant du peu de hauteur de la boîte à feu est compensée largement par la longueur de ce foyer, qui peut être rendue aussi grande qu'on veut ; cette faculté n'existe pas dans les locomotives où la longueur est forcément limitée.

La partie supérieure du foyer qui présente la forme d'un berceau surbaissé afin que l'espace compris entre le ciel et l'enveloppe ait une hauteur suffisante, est munie d'armatures analogues à celles des foyers de locomotives, mais disposées transversalement. Comme les parois qui servent en quelque sorte de pieds-droits à la voûte du foyer ne présentent pas, à cause de leur courbure, une rigidité sur laquelle on puisse compter, des tirants relient les armatures à la partie supérieure de l'enveloppe et déchargent le foyer, en reportant une partie des efforts dus à la pression intérieure, sur cette enveloppe, qui est d'ailleurs sollicitée en sens contraire par la même pression.

60. — (Fig. **31**.) Une chaudière approchant de la forme locomotive, à boîte à feu très-élevée, dont le ciel est formé par le dessous d'un corps cylindrique, en communication d'une part avec l'espace étroit ménagé entre la boîte à feu et son enveloppe au moyen d'un certain nombre d'ouvertures, et d'autre part avec le corps tubulaire au moyen d'une forte tubulure, telle est la disposition du générateur de MM. Molinos et Pronier. Cette disposition, qui s'écarte notablement des systèmes précédents et de ceux qui suivent, est la conséquence du but que ses auteurs se proposaient, à savoir : de supprimer la fumée dans les produits de la combustion. A cet effet, les parois latérales, percées de trous disposés en files horizontales, permettent d'insuffler de l'air dans toute la longueur du foyer à un niveau peu supérieur à celui de la grille, de manière à brûler les produits gazeux dégagés pendant la distillation de la houille. La grande capacité de la boîte à feu, en laissant la flamme se développer, facilite une complète combustion. Un mur en brique placé en travers du foyer oblige les gaz chauds à s'élever jusqu'au-dessus du corps cylindrique avant de s'engager dans le faisceau tubulaire. Enfin un ventilateur et les conduits d'air accessoires complètent le dispositif compliqué et surtout dispendieux de ce générateur, dont les qualités n'ont pu faire généraliser l'emploi.

61. — (Fig. **32** à **34**.) C'est aux inconvénients résultant de l'impossibilité de nettoyer les faisceaux tubulaires que sont dues les chaudières n° **32** à **34**, dans lesquelles on a remplacé les petits

tubes par un ou plusieurs tubes d'un diamètre beaucoup plus grand, qui n'empêchent pas complétement de pénétrer dans les corps cylindriques et qui peuvent être nettoyés avec plus au moins de facilité. Ces tubes, trop petits pour admettre un foyer, fonctionnent comme carneaux intérieurs, et les chaudières qui en sont munies participent dans une mesure limitée des avantages et des inconvénients du système tubulaire. Elles marquent la transition qui sépare les générateurs tubulaires, tels qu'on vient de les exposer, des générateurs démontables qui font l'objet d'une note spéciale ci-après (n°s 77 et suiv.).

Les chaudières **32** et **33** sont des générateurs cylindriques à bouilleurs extérieurs, modifiés dans le sens dont il vient d'être question.

La figure **34** montre une chaudière cylindrique à foyer et conduits de flammes intérieurs modifiée d'une manière analogue.

V

Note sur les chaudières tubulaires dites locomobiles (à tubes directs).

62. — Un grand nombre de chaudières, dites locomobiles parce qu'elles sont fréquemment destinées à se déplacer pour fonctionner en divers lieux, appartiennent au système tubulaire. Malgré leur nom de locomobiles, elles peuvent être installées à demeure, et doivent alors satisfaire aux règles administratives prescrites pour ces dernières. La distinction établie par le règlement se fonde, en effet, non sur la forme mais sur la destination ; de telle sorte qu'une chaudière de forme quelconque, obligée par son service à des déplacements répétés, une chaudière ambulante, en un mot, est une véritable locomobile soumise aux conditions spéciales imposées à cette espèce de générateurs.

Cette remarque faite, nous nous conformerons à l'usage des constructeurs en classant dans le groupe des locomobiles les chaudières qui sont susceptibles d'être employées comme telles.

63. — (Fig. 35, 36 et 37.) Les figures 35, 36 et 37 représentent

des chaudières qui ne diffèrent que par les proportions et par des détails de construction d'une importance secondaire. Elles ont pour
caractère commun et principal d'être des reproductions à petite
échelle de la chaudière de locomotive avec ses parois planes consolidées.

La figure **35** montre la disposition adoptée par une maison qui
s'est acquis une juste réputation dans la construction des machines
locomobiles, nous voulons parler de l'ancienne maison Calla, à Paris,
exploitée aujourd'hui par MM. Chaligny et Ce, laquelle fabrique ces
machines d'après une série de modèles qui comprend depuis trois
jusqu'à vingt-cinq chevaux.

Dans la chaudière (fig. **36**) de M. Gérard, mécanicien à Vierzon
(Cher), le ciel du foyer est cintré en voûte très-surbaissée, assez
stable cependant pour que le constructeur se soit dispensé d'y ajouter des armatures.

Le modèle n° **37**, de MM. Pouderoux et Maugin, à Paris, comporte deux dômes de vapeur réunis par une tubulure, et une boîte
à fumée formée par un prolongement de la virole du corps cylindrique.

Cette boîte à fumée manque aux dessins des deux modèles précédents, parce que dans ces deux types elle est indépendante des
chaudières, auxquelles elle est rapportée et fixée par un certain
nombre de boulons.

64. — Le cadre en fonte qui entoure l'ouverture de la porte des
deux dernières chaudières a une épaisseur suffisante pour remplir
l'intervalle compris entre le foyer et son enveloppe, ce qui dispense
de forger la paroi du foyer pour la rapprocher de cette dernière;
mais il a l'inconvénient d'isoler du contact de l'eau les rivures qui le
fixent et qui, exposées à une chaleur violente, peuvent se brûler et
donner lieu à des fuites.

65. — (Fig. **38** à **41**.) Les dispositions *essentielles* des chaudières
portant les n^{os} **38**, **39**, **40** et **41** sont identiques à celles des appa-

reils dont il vient d'être question. La forme seule du foyer et de son enveloppe est différente : elle est cylindrique, au lieu d'être prismatique à parois planes. Cette circonstance dispense de consolider ces organes par des armatures ou par des entretoises, et il en résulte une économie très-appréciable dans la construction. Le réservoir de vapeur y présente ordinairement une notable capacité.

L'absence d'entretoises entre l'enveloppe et le foyer faciliterait beaucoup le nettoyage de cette partie de la chaudière, qui s'effectue à travers des ouvertures par lesquelles les outils et les bras seuls peuvent s'engager, si la courbure de ces parties ne réduisait cette facilité dans une certaine mesure.

Les chaudières n^{os} **38** et **39** représentent deux types de la série adoptée par M. Rouffet, à Paris; cette série s'étend de deux à quinze chevaux.

Celle n° **40**, fabriquée par la célèbre maison Cail, à Paris, comporte une boîte à fumée résultant du prolongement de la virole du corps cylindrique et un cadre de porte en fonte, au sujet duquel il a été fait plus haut quelques observations (64).

La même maison fabrique des chaudières de ce système qui ont jusqu'à 120 mètres de surface de chauffe.

La chaudière représentée par la figure **41** a été construite chez M. Claparède, à Saint-Denis. La disposition de son foyer donne lieu à quelques remarques intéressantes.

Dépourvu de tout cadre en fer qui l'exposerait à brûler en augmentant son épaisseur, le foyer se relie à son enveloppe par des bords coudés à la forge, ce qui exige un métal d'excellente qualité et de bons ouvriers; sa forme conique permet de donner la plus grande longueur à la grille sans repousser la plaque tubulaire; enfin, son ciel, forgé de manière à présenter plusieurs ondulations formant nervures, est ainsi renforcé sans le secours d'armatures accessoires.

Ces diverses dispositions paraissent devoir être recommandées.

(Fig. **42**). La disposition de la figure **42**, adoptée par la maison

Hermann-Lachapelle, à Paris, comporte un foyer cylindrique à plaque tubulaire repoussée, avec une enveloppe prismatique à base moitié circulaire et moitié carrée, dont la partie supérieure se raccorde avec la moitié supérieure du corps cylindrique. Il résulte de cette disposition : un agrandissement de l'espace compris entre le foyer et l'enveloppe, qui facilite le nettoyage ; une longueur de grille maximum, et, en outre, une certaine simplification dans la construction de la jonction du corps cylindrique avec l'enveloppe du foyer.

La maison Hermann-Lachapelle est surtout connue pour ses chaudières verticales, dont il sera question dans la note relative à ce genre de chaudières.

66. — (Fig. **43** à **46**.) Les chaudières n^{os} **43**, **44**, **45** et **46** diffè-. rent des précédentes en ce que le corps cylindrique qui contient le foyer est horizontal ainsi que son enveloppe, au lieu d'être vertical

Dans le but de donner à ce foyer des proportions suffisantes, l'enveloppe de M. Bréval (fig. **43**), de M. Frey (fig. **44**), de MM. Gérard et Protte (fig. **45**), a des dimensions qui excèdent le diamètre du corps cylindrique, et MM. Frey, Gérard et Protte font le foyer et l'enveloppe plus hauts que larges, ce qui conduit à la forme elliptique que montrent les figures **42** à **45**. Mais M. Gautreau, en surbaissant la partie supérieure du foyer (fig. **46**), parvient à faire des enveloppes dont les parois sont le prolongement même du corps cylindrique qui contient le faisceau tubulaire.

Les chaudières semblables à celle dont il vient d'être question (fig. **46**), sont d'une construction plus simple que les précédentes ; mais il y a lieu de craindre que la chambre de combustion et le réservoir de vapeur n'aient pas toujours une capacité suffisante pour une bonne utilisation du combustible et pour une production de vapeur sèche.

(Fig. **47**). La suppression de la paroi inférieure du foyer et de l'enveloppe opérée dans la chaudière n° **47** permet de donner une plus grande hauteur à la chambre de combustion ; mais elle conduit à l'adoption de parois latérales planes qu'on ne peut se dispenser d'entretoiser.

La hauteur un peu grande donnée au foyer du modèle nous paraît trop réduire la capacité du réservoir de vapeur, mais cet inconvénient peut être facilement évité dans le système dont il s'agit.

VI

Note sur les chaudières fixes et locomobiles à retour de flamme tubulaire.

—

67. — C'est une règle, dans les chaudières chauffées extérieurement, que les produits de la combustion parcourent plusieurs conduits avant de se rendre à la cheminée, et que le courant gazeux, se repliant sur lui-même, ramène les gaz chauds vers les parties du générateur qu'il a déjà cotoyées à un niveau différent. C'est à cette condition, en effet, que les chaudières dont il s'agit peuvent épuiser le calorique développé dans le fourneau, circonstance qui ne serait ordinairement pas réalisée, si toute la surface de chauffe était comprise dans un seul carneau aboutissant à la cheminée. On a vu plus haut (n° 40) que les chaudières à foyer et conduits de flammes intérieurs ont dû être, pour le même motif, ramenées à des conditions analogues par l'addition d'un fourneau extérieur.

A l'exception des chaudières à foyer extérieur et de celles à foyer et conduits de flammes intérieurs auxquelles un faisceau tubulaire ou quelques tubes seulement ont été ajoutés (voir fig. **21** à **23** et **30** à **32**), ce qui fait de ces appareils des chaudières mixtes participant à la fois des types combinés, les tubes des chaudières tubulaires précédemment décrites reçoivent immédiatement la flamme dégagée dans le foyer et la conduisent directement à la cheminée. L'étendue relativement très-grande de la surface de chauffe développée par ces tubes, permet d'utiliser suffisamment la chaleur pour qu'on puisse sans inconvénient se dispenser de faire parcourir aux gaz chauds un plus long trajet. Cependant des constructeurs mus, soit par le désir de porter à un plus haut degré l'économie du combustible, soit par celui de diminuer la longueur des chaudières, ont imaginé de disposer en retour du faisceau direct un plus ou moins grand nombre de tubes qui obligent la flamme à rebrousser chemin et à circuler de nouveau dans toute la longueur du générateur.

C'est à l'ensemble de ces derniers tubes qu'est donné le nom de retour de flamme, et c'est par la même désignation qu'on caractérise les chaudières n^{os} **48** à **61**, qui comportent cette disposition.

Les chaudières comprises sous les n^{os} **48** à **53**, qui représentent des formes générales assez différentes les unes des autres, sont à retour de flamme tubulaire.

68. — (Fig. **48**.) Celle n° **48** consiste dans les dispositions principales déjà étudiées sous les n^{os} **38** à **41** (note sur les chaudières dites locomobiles). Les faisceaux tubulaires direct et de retour sont logés dans deux corps cylindriques superposés. Toutefois, ces deux corps ne sont pas distincts l'un de l'autre; ils se confondent comme le montre la coupe, de manière à ne former qu'une capacité unique. Le développement de la surface de chauffe est poussé très-loin dans la chaudière dont il s'agit, à laquelle on doit reprocher de présenter, précisément dans les deux corps cylindriques accolés, des parties concaves peu convenables pour résister à de fortes pressions.

69. — (Fig. **49**.) La chaudière de très-petites dimensions, représentée par la fig. **49**, possède un foyer et une enveloppe dont les parois sont planes. Le peu d'étendue de ces surfaces dispense à la vérité de les consolider; mais on ne comprend pas bien le motif qui a pu les faire préférer à des parois cylindriques. On ne voit pas non plus l'utilité, même au point de vue de la construction, de la double paroi plane qui forme la base du foyer.

(Fig. 50.) La chaudière n° 50, analogue pour les dispositions d'ensemble à celle du n° 43, présente deux tubes recourbés qui fonctionnent à la fois comme tubes directs et comme tubes de retour; elle est munie d'un réservoir de vapeur supérieur réuni au corps cylindrique par deux tubulures. Il semble qu'il aurait été facile de faire une chaudière remplissant les mêmes conditions de capacité et de surface de chauffe que le modèle dont il s'agit, sans avoir recours à une longueur aussi grande, dont on n'aperçoit pas l'utilité.

70. — (Fig. 51.) La chaudière n° 51, entièrement semblable à celle n° 50, sauf en ce qui concerne le réservoir de vapeur et la longueur, confirme l'assertion qui termine l'appréciation précédente.

Les tubes recourbés, qu'on vient de voir employés dans les deux dernières chaudières, permettent de supprimer la seconde plaque tubulaire, qui est indispensable lorsque les deux faisceaux sont distincts; en outre, ils peuvent se dilater librement sous l'action de la chaleur, de telle sorte que les joints étant peu fatigués sont aussi peu exposés à fuir; mais le nettoyage de la suie ou de la cendre qui s'y déposent pendant la marche est difficile, et cet inconvénient paraît être assez sérieux pour empêcher la propagation du système.

71. — (Fig. 52.) La chaudière reproduite par la figure 52 ressemble, à la forme du ciel du foyer près, à celle étudiée sous le n° 46.

Par suite du peu d'espace libre laissé entre le ciel du foyer et la partie supérieure de l'enveloppe, les tubes de retour supérieurs occupent une position telle, qu'il est impossible qu'ils soient recouverts de 0^m,10 d'eau, sans que le corps cylindrique et le bas du dôme soient pleins ; ce qui équivaut à la suppression du réservoir de vapeur. On ne peut donc faire fonctionner l'appareil qu'en alimentant insuffisamment ; mais alors on commet une contravention à l'article 8 du décret du 25 janvier 1865, et une imprudence grave qui peut provoquer une explosion. (Voir *Notes préliminaires*, — *Vices de construction*, n° 21.)

(Fig. **53**.) La chaudière n° **53** est complétement semblable à celles étudiées sous les n^os **38** à **41**. Le retour de flamme consiste en un seul gros tube recourbé qui occupe la partie supérieure du corps cylindrique horizontal. Les observations défavorables qui viennent d'être faites sur la chaudière précédente s'appliquent complétement à celle-ci.

72. — (Fig. **54** à **61**.) La bonne utilisation du combustible exige la réunion de deux conditions qu'il convient de rappeler : 1° un grand développement relatif de la surface de chauffe ; 2° une combustion aussi complète que possible du combustible employé.

La première condition est convenablement remplie par les chaudières tubulaires précédemment décrites ; mais il n'en est pas de même de la seconde. Dans ces chaudières, en effet, à l'exception déjà faite plus haut de celles comprises sous les n^os **21** à **23**, **30** à **32**, qui résultent de l'application de tubes à des appareils appartenant par leurs dispositions principales à d'autres groupes, dans ces chaudières, disons-nous, le foyer présente des dimensions assez faibles pour que l'inflammation et la combustion des gaz ne puissent s'y achever. Il résulte de cette circonstance que ces phénomènes devraient se continuer dans le faisceau tubulaire, pour que la seconde condition qu'on vient de mentionner fût convenablement remplie.

Or, au moment où les gaz de la combustion quittent le foyer pour s'engager dans les tubes, ils se divisent en filets minces, et leur contact s'exerce sur une surface très-étendue, dont la température est assez basse pour les refroidir considérablement. Une température très-élevée étant nécessaire pour que la combinaison de l'air avec les gaz combustibles ait lieu, la combustion cesse presque aussitôt, demeure incomplète et donne lieu à une fumée intense. Cet effet, très-prononcé lorsque les combustibles contiennent beaucoup de parties volatiles, a moins d'importance avec les houilles maigres; il est nul quand on brûle du coke. L'emploi de la houille étant le plus général, il y avait un véritable intérêt à combattre cet inconvénient; le moyen indiqué par le raisonnement pour atteindre ce but consiste à donner à la chambre de combustion une capacité en rapport avec le développement de la flamme, et c'est à cette condition que satisfont visiblement les chaudières comprises entre les n°ˢ **54 à 61**, dans lesquelles les tubes fonctionnent uniquement comme retour de flamme.

73. — (Fig. **54**.) La figure n° **54** représente la disposition que la maison Calla, déjà citée, appliquait aux chaudières de locomobiles de deux chevaux, pour lesquelles le type ordinaire (fig. **35**) aurait donné un trop petit foyer.

(Fig. **55**.) Le rétrécissement vers sa partie postérieure du corps cylindrique intérieur, qui contient le foyer de la chaudière n° **55**, est nécessité par l'emplacement des tubes ; on remarquera que la plaque tubulaire, située dans la boîte à fumée d'arrière, a de plus petites dimensions que celle qui forme le fond de la plaque à fumée d'avant.

74. — (Fig. **56**.) La chaudière n° 56 présente des fonds plats et une enveloppe à parois concaves, munie d'armatures qu'on ne saurait recommander.

(Fig. **57**.) Dans la chaudière n° 57, le foyer et le conduit direct de la flamme ont des diamètres inégaux. Celui du foyer doit être en effet assez grand pour contenir la chambre de combustion et le cendrier ; celui du conduit de flamme doit être assez petit pour ne pas occuper trop d'espace sur la plaque tubulaire de la boîte à fumée située en arrière et dont les dimensions sont nécessairement plus exigües que celles de la plaque tubulaire antérieure. Ce résultat aurait pu être obtenu plus simplement en donnant, comme plusieurs constructeurs le font, une forme conique à ces organes.

Les rebords d'assemblage du conduit de flamme avec la plaque tubulaire de la boîte à fumée sont disposés d'une manière défectueuse ; isolés du contact de l'eau, ils doivent promptement brûler. Les tubes de retour vont en divergeant de l'arrière à l'avant par suite de la différence des diamètres dont il a été question plus haut, et l'extrémité antérieure de ceux qui débouchent au point le plus élevé émerge au-dessus du plan d'eau, ce qui, on a eu l'occasion de le dire plusieurs fois, constitue une disposition vicieuse (n° 21).

75. — (Fig. **58**.) La figure **58** montre une chaudière de construction anglaise dans laquelle le conduit de flamme direct présente une section en forme de segment de cercle. Cette forme permet de donner plus de largeur à cet organe. Une cloison double, remplie d'eau qui le divise en deux compartiments longitudinaux, contribue à soutenir le ciel plat de ce conduit dont elle augmente en outre la surface de chauffe.

76. — (Fig. **59** et **60**.) Les chaudières n°⁸ 59 et 60, grâce aux différentes dimensions adoptées pour l'enveloppe du foyer et le corps cylindrique, présentent des foyers relativement grands, très-convenables pour obtenir une bonne combustion. Ces deux chaudières ne diffèrent que par la manière dont les tubes se raccordent avec la boîte à fumée d'arrière, et les figures mettent suffisamment ces différences en évidence.

La forme ovale de la boîte à feu et de son enveloppe exige que ces parties soient entretoisées.

(Fig. **61.**) La chaudière n° 61, formée de deux corps cylindriques emboîtés l'un dans l'autre, est munie de tubes de retour courbés à leur extrémité postérieure (voir note n° 70).

VII

Note sur les chaudières tubulaires démontables.

———

77. — Dans une note précédente (n° 54), on a fait remarquer les inconvénients qui résultent avec le système tubulaire de l'impossibilité d'accéder à l'intérieur des chaudières pour en effectuer le nettoyage. Ces inconvénients sont tels qu'il conviendrait de renoncer aux avantages du système, toutes les fois que l'eau employée est assez impure. Dans le but d'étendre l'emploi des chaudières tubulaires, même à ces derniers cas, plusieurs Ingénieurs constructeurs ·ont imaginé d'établir des appareils composés de parties susceptibles d'être séparées les unes des autres, de manière à mettre à découvert, au besoin, le faisceau tubulaire qui présente les plus grandes difficultés de nettoyage.

78. — (Fig. **62**.) Dès 1854, M. Durenne, à Paris, adopta la disposition représentée par la figure **62**, dont la forme générale a déjà été étudiée. Elle consiste dans la division du faisceau tubulaire et du

corps cylindrique qui le contient en plusieurs tronçons tubulaires identiques, *juxtaposés* les uns à la suite des autres.

Dans ces conditions, ces tronçons, qui reposent sur des rails au moyen de galets dont ils sont pourvus, peuvent être retirés du groupe total, et il en résulte comme conséquence, à savoir : 1° la possibilité de substituer un tronçon à un autre, dans le cas où l'un d'eux aurait besoin d'être réparé ; 2° la possibilité d'augmenter ou de réduire à volonté la puissance de l'appareil par l'addition ou la suppression d'un ou de plusieurs tronçons.

Voici par quel moyen le faisceau tubulaire peut être mis à nu. Il est à remarquer que la plaque tubulaire postérieure de chaque tronçon n'est pas assemblée directement avec l'enveloppe, mais boulonnée sur tout son pourtour avec une bride intérieure AA, formée par une cornière circulaire rivée à cette enveloppe. Si l'on imagine cette plaque tubulaire déboulonnée, elle devient indépendante de l'enveloppe ; si d'un autre côté le joint formé par les brides extérieures BB qui relient la portion d'enveloppe du tronçon qu'on veut nettoyer à la portion d'enveloppe appartenant au tronçon précédent, vient à être défait sans que les pattes PP qui relient la plaque tubulaire d'avant à ce même tronçon précédent, soient également détachées, la séparation aura lieu de telle sorte que l'enveloppe du tronçon suivra la partie postérieure de l'appareil qu'on fait rouler en arrrière pour effectuer l'opération, tandis que le faisceau tubulaire avec ses plaques demeurera attaché à la portion de chaudière restée en avant ; alors le nettoyage pourra avoir lieu. Il est évident que le rapprochement des parties séparées et la réfection des joints remettront ensuite l'appareil dans son état primitif.

L'eau et la vapeur des diverses portions de chaudières sont mises en communication au moyen d'une tuyauterie appropriée, susceptible de se démonter et de se remonter en même temps et à peu près de de la même façon que les tronçons auxquels elle appartient.

Sans s'arrêter au prix élevé auquel conduit nécessairement la complication de l'appareil qui vient d'être décrit et la perfection d'exécution qu'il réclame, l'importance des joints à défaire et à refaire se serait sans doute opposée à ce que cet appareil se répandît, surtout dans les localités où les ouvriers spéciaux manquent, quand même des dispositions plus simples et moins dispendieuses ne seraient pas intervenues un peu plus tard (1).

79. — (Fig. **63**, **64** et **65**.) MM. Thomas et Laurens ont imaginé la disposition de chaudière démontable, représentée par les figures **63 à 65**. La partie caractéristique du système consiste dans un conduit intérieur horizontal, légèrement conique, supportant deux plaques tubulaires placées vers chaque extrémité. Sur les côtés et même au-dessus de ce conduit, dont la partie antérieuré contient une grille, sont fixés un plus ou moins grand nombre de tubes. Une boîte à fumée B, assemblée avec la plaque tubulaire PP, recouvre l'orifice postérieur du foyer et ceux des tubes qui y débouchent, de telle sorte que les gaz chauds se détournent dans cette boîte de leur direction primitive pour se rendre dans les tubes où ils sont appelés par le tirage d'une cheminée montée sur une autre boîte à fumée rapportée en avant de la plaque tubulaire antérieure.

Ce dispositif auquel MM. Thomas et Laurens ont donné le nom de vaporisateur, pénètre dans un corps cylindrique ouvert à l'une de ses extrémités. L'ouverture est entourée d'un cadre circulaire OO formant bride avec lequel s'assemble la plaque tubulaire d'avant du vaporisateur qui porte un cadre semblable. On comprend que la réunion du vaporisateur et de l'enveloppe ayant lieu au moyen de boulons et non de rivets, les deux parties de la chaudière peuvent être facilement disjointes, et que dans ces conditions le vaporisateur

(1) M. Tresca, dans son ouvrage sur les machines à vapeur, termine ainsi son étude de la chaudière de M. Durenne, qui vient d'être décrite :

« . . . . Il fallait que le problème eût réellement un grand intérêt pour qu'un constructeur aussi habile ne se soit pas arrêté devant cette complication.

« C'est là cependant le point de départ des nombreux perfectionnements qui ont été successivement apportés à l'idée principale, et qui se sont traduits, depuis lors, par des dispositions bien différentes, réalisées aujourd'hui dans les chaudières dites à foyer amovible. »

peut être retiré de l'enveloppe, de manière à permettre un complet nettoyage.

Les chaudières dont il s'agit sont à retour de flamme tubulaire. On a eu l'occasion d'apprécier d'une manière générale cette partie de la disposition dans une note précédente (n° 72).

(Fig. **63.**) La chaudière n° **63**, destinée à fonctionner comme locomobile, et par conséquent à recevoir une machine qui peut occuper toute la longueur de l'enveloppe, est dépourvue de dôme de vapeur.

(Fig. **64.**) Celle n° **64**, non assujettie à la même condition, est munie de cet utile accessoire.

80. — (Fig. **65.**) La chaudière n° **65**, de MM. Weyher, Loreau et Cᵉ, à Pantin, est destinée à fonctionner aussi à demeure, mais elle possède une bien plus grande puissance de vaporisation. Elle porte un corps cylindrique supérieur horizontal muni d'un dôme, réuni au corps inférieur par deux tubulures. Ce corps supérieur contient de l'eau et de la vapeur ; il est chauffé extérieurement, de même que l'enveloppe du foyer, par suite de l'installation de tout l'appareil dans des carneaux en maçonnerie qui communiquent, par une ouverture placée dans le bas, avec la cheminée d'appel.

Le foyer et son enveloppe sont concentriques ; un plus grand nombre de tubes peuvent être admis dans l'espace qui les sépare.

81. — Un avantage auquel les inventeurs de ce système attachent une certaine importance, consiste en ce que le vaporisateur, fixé par une seule extrémité, est libre de se dilater sous l'influence de la chaleur très-intense à laquelle il est exposé. C'est là le motif qui les empêche de relier le fond de la boîte à fumée à celui de l'enveloppe par des entretoises ou des tirants, bien que cette consolidation soit indiquée par la manière dont la boîte à fumée est pressée pendant la marche.

82. — (Fig. **66** et **67**.) Les figures **66** et **67** représentent les dispositions adoptées par MM. Farcot pour réaliser la chaudière tubulaire démontable. La partie essentielle de l'appareil considéré à ce point de vue consiste dans un corps cylindrique horizontal intérieur, situé dans le prolongement d'un faisceau tubulaire, et contenu, aussi bien que le faisceau, dans une enveloppe cylindrique surmontée d'un réservoir supérieur. Le raccordement du vaporisateur avec l'enveloppe a lieu en BB, à l'avant, au moyen de boulons qui fixent le bord de la plaque qui forme la devanture du foyer à une bride circulaire qui entoure à l'extérieur l'extrémité de cette enveloppe. En arrière, ce raccordement a également lieu au moyen de boulons entre un cercle CC, formant bride à l'extrémité et à l'intérieur du corps cylindrique, et une contre-bride correspondante adaptée à la boîte à fumée. Quand les deux joints de raccordement sont défaits, on peut tirer, en avant et au dehors, le foyer ainsi que le faisceau tubulaire, pour en opérer le nettoyage ; les choses étant ainsi disposées, on peut également pénétrer dans le corps cylindrique débarrassé des organes intérieurs. Des galets fixés au vaporisateur et roulant sur des cornières longitudinales fixées aux flancs intérieurs de l'enveloppe facilitent l'opération du démontage, qui exige, on le voit, comme le système précédent de MM. Thomas et Laurens, qu'un espace assez étendu soit laissé disponible au devant de la chaudière.

83. — L'extérieur des chaudières nos **66** et **67** fonctionne comme surface de chauffe sans exiger l'établissement d'un fourneau en maçonnerie, ce fourneau étant suppléé par une enveloppe spéciale fixée à la chaudière elle-même. Les parois de cette enveloppe se composent de deux feuilles de tôle mince, rivées sur cornières et entretoisées de manière à présenter entre elles un intervalle libre rempli avec des matières peu conductrices de la chaleur. L'effet obtenu dans ces conditions est tel que la face extérieure de l'enveloppe ne prend jamais qu'une température très-faible et n'occasionne, par conséquent, aucune perte de chaleur supérieure à celle qui a lieu par le rayonnement ordinaire des fourneaux en maçonnerie. L'appareil acquiert ainsi la propriété de pouvoir être quelquefois déplacé sans donner lieu à la dépense d'un nouveau fourneau.

84. — (Fig. **68.**) Dans la chaudière n° **68**, à foyer intérieur et à retour de flamme tubulaire, le foyer seul est démontable, après que les joints JJ' ont été défaits.

Les ouvertures qui existent dans les plaques tubulaires lorsque le foyer a été retiré par l'avant de la chaudière, permettent d'accéder dans l'intérieur et d'enlever le tartre qui recouvre les tubes. Mais on voit que, si l'opération du démontage et du remontage est ici moins laborieuse que pour les chaudières de MM. Thomas et Laurens et pour celles de M. Farcot, cet avantage est compensé par la plus grande difficulté que présente le nettoyage des tubes, particulièrement de ceux qui sont le plus rapprochés de l'enveloppe extérieure.

85. — Quant aux cinq tubes qui règnent le long de la partie supérieure de l'enveloppe, et qui ont, d'après les promoteurs du système, l'unique fonction de surchauffer la vapeur, ils nous paraissent susceptibles de brûler facilement et de créer des inconvénients au point de vue de la sécurité. Situés au-dessus du plan d'eau normal, ils peuvent, en effet, prendre une très-haute température; comme, d'ailleurs, ils ne sont pas à l'abri des contacts accidentels de l'eau, contacts qui peuvent être la conséquence de projections que l'exiguïté du réservoir de vapeur est peu propre à conjurer, ils constituent une disposition contraire aux prescriptions de l'article 8 du décret du 25 janvier 1865, aucune dérogation à cet article n'ayant été autorisée pour les tubes dont il s'agit.

86. — (Fig. **69.**) La chaudière n° **69**, à foyer intérieur et à tubes directs, possède un retour de flamme formé par un conduit unique, qui prend naissance dans la boîte à fumée et qui se termine à la base de la cheminée. Cette cheminée est située au-dessus du corps cylindrique vertical qui contient le foyer.

Le générateur en question se distingue nettement de ceux qui précèdent par la manière dont il se démonte. En effet, le foyer et les tubes ne sont pas mobiles, c'est le corps horizontal cylindrique qui est retiré après que le collet qui le relie au corps vertical a été déboulonné. La boîte à fumée et le faisceau tubulaire sont alors facilement accessibles; mais il n'en est pas de même du foyer, qui peut à la vérité être nettoyé par des trous d'homme et des ouvertures ménagées dans l'enveloppe, comme cela se pratique pour toutes les chaudières non démontables, qui comportent un foyer enfermé dans des conditions analogues.

BSERVATIONS SUR LES CHAUDIÈRES DÉMONTABLES

87. — La faculté de démonter les chaudières fournit une ressource précieuse contre les incrustations; cependant elle n'est pas elle-même exempte d'inconvénients. Lorsque les chaudières ont de grandes dimensions, l'opération est pénible : elle exige l'emploi d'engins mécaniques et des hommes assez entendus pour diriger et pour exécuter les manœuvres nécessaires; les joints de réunion des diverses pièces peuvent en outre être manqués, et comme on ne peut s'apercevoir de ce fait que lorsque la chaudière a été remplie d'eau, la besogne est tout entière à recommencer. Ces difficultés sont souvent assez grandes pour que la faculté du démontage ne soit utilisée que le plus rarement possible. On conçoit, en conséquence, que quelques constructeurs aient cherché une solution plus satisfaisante du problème et qu'ils aient abouti à la réalisation d'une idée naturellement indiquée qui consiste à rendre les tubes eux-mêmes démontables indépendamment des plaques tubulaires qui les supportent. Plusieurs conditions compliquaient la question : il fallait que le démontage des tubes pût s'effectuer simplement et sans occasionner de détériorations; que les tubes pussent sortir aisément des alvéoles qui les contiennent malgré l'augmentation qu'éprouve leur

diamètre par suite des incrustations ; que les assemblages mobiles de réunion fussent à la fois parfaitement étanches et solides.

88. — (Fig. **70**.) M. Bérendorff, mécanicien à Paris, a rempli les diverses conditions qui viennent d'être énumérées au moyen des dispositions suivantes (fig. **70**).

1° Au lieu d'être alésés cylindriquement, les trous des plaques tubulaires sont légèrement coniques et l'évasement qui résulte de cette conicité est tourné dans le même sens pour tous les trous des deux plaques.

2° Le diamètre des trous de celle des plaques tubulaires par laquelle les tubes doivent être introduits ou retirés est un peu plus grand que celui des trous de la plaque opposée.

3° Les tubes sont garnis à chacune de leurs extrémités de renflements tournés coniques qui présentent des diamètres respectivement égaux à ceux des trous où ces renflements doivent être engagés et fixés.

Les choses étant ainsi préparées, chaque tube peut être mis en place sans difficulté ; le bout muni du renflement de moindre diamètre franchissant d'abord la plaque tubulaire qui porte les plus grands trous, ne s'arrête que lorsqu'il a pénétré suffisamment dans la seconde plaque tubulaire, au moment même où le renflement opposé prend aussi sa place dans la plaque tubulaire qui y correspond.

Le serrage ou le desserrage de l'emmanchement de chaque tube s'opère au moyen d'une tringle en fer, un peu plus longue que ceux-ci, filetée à chaque extrémité et garnie de deux rondelles particulières RR', d'un écrou E' et d'une tête à pans T qui peut être tournée au moyen d'une clef à écrous. Cet instrument, qui fonctionne comme une vis de rappel, est introduit dans chaque tube ; il prend son point d'appui par l'intermédiaire de l'une des rondelles qui viennent d'être mentionnées, soit sur la plaque tubulaire, soit sur le bout d'un tube, tandis que la pression qu'il exerce par son extrémité opposée s'applique inversement sur un tube ou sur la plaque tubulaire par l'intermédiaire de la seconde rondelle appropriée à cette fin. C'est en tournant la tête à pans de manière à rapprocher les deux rondelles, que l'on fait ou défait l'emmanchement. Dans le premier cas (voir fig. **69**), la rondelle R' qui s'appuie sur la plaque tubulaire, occupe la position la plus éloignée de la tête à pans, tandis que celle R qui s'appuie sur le tube est près de l'opérateur (fig. **70**).

Les deux rondelles sont substituées réciproquement l'une à l'autre dans l'opération qui vient d'être décrite, quand on se propose de desserrer les tubes, dont la sortie après cette manœuvre ne présente aucune difficulté, même lorsqu'ils sont incrusté ; car la saillie du renflement qui doit passer par les trous est bien supérieure à l'épaisseur que le tartre peut acquérir dans l'intervalle de deux nettoyages, lorsque ces derniers sont pratiqués à des époques convenables.

89 — On a craint, dans les premiers temps de l'application des tubes mobiles de M. Bérendorff, que le serrage des tubes contre l'épaisseur des plaques tubulaires ne fût pas suffisant pour les maintenir en place, surtout à cause de l'énergie avec laquelle on sait que les métaux se dilatent sous l'action de la chaleur. L'expérience a démontré que cette crainte n'était pas fondée ; la précaution prise par l'inventeur de relier les plaques tubulaires par un ou plusieurs tirants suffit pour maintenir tout le système. Cependant, à la suite de démontages et de remontages successifs, il est arrivé que des tubes mal assujettis ont quelquefois cédé et sont sortis de la chaudière. Pour éviter cet inconvénient, une deuxième plaque, évidée en face de chaque tube, est maintenant appliquée contre la plaque tubulaire, du côté où ces tubes peuvent sortir. Maintenue par plusieurs boulons prisonniers, cette contre-plaque ne contribue pas à consoli

der les emmanchements, mais elle empêche de sortir des trous ceux des tubes qui, par une cause quelconque, viendraient à se desserrer. Elle réduit ainsi aux proportions d'une simple fuite un accident sans importance en soi, mais susceptible d'avoir de fâcheuses conséquences.

90. — (Fig. **71**.) La chaudière n° 71 montre un exemple de l'application des tubes mobiles de Bérendorff à une chaudière cylindrique à deux bouilleurs. L'appendice que porte le corps de la chaudière à sa partie antérieure est destiné à recevoir un robinet pour l'extraction fréquente des boues de la chaudière.

91. — (Fig. **72**.) Une autre disposition de tubes mobiles qui paraît être assez généralement adoptée dans la marine, est due à M. Langlois, ancien mécanicien de la marine. Elle consiste en un manchon fileté, brasé extérieurement à l'une des extrémités de chaque tube. Ce manchon se visse dans le trou taraudé de la plaque tubulaire destiné à le recevoir; une rondelle interposée entre la plaque tubulaire et l'arrière de la tête du manchon assure l'étanchéité de l'assemblage. L'autre extrémité du tube est serrée dans son trou au moyen d'une bague cylindrique introduite de force. Ce système donne de bons résultats, mais il coûte plus cher que celui de M. Bérendorff.

OBSERVATIONS SUR LES TUBES MOBILES.

92. — L'emploi de tubes mobiles qui peuvent être démontés et remis en place par des personnes étrangères aux constructions mécaniques, a eu pour résultat de faire admettre les chaudières tubulaires dans les localités éloignées des centres industriels où la chaudière cylindrique, si simple et si peu sujette aux réparations, avait seule pu se propager à raison de ces dernières qualités. En effet, les constructeurs français expédient maintenant dans les contrées

les plus lointaines, qui ne sont pas en état de les construire elles-mêmes, de volumineuses chaudières à vapeur du système tubulaire.

93. — Les figures **73** et **74** montrent les dispositions qu'adoptent quelques constructeurs pour faciliter l'embarquement et le transport de ces appareils composés de parties démontables, qui sont réunies une fois pour toutes au moment de l'installation, tandis que le faisceau tubulaire conserve la faculté d'être démonté toutes les fois que les besoins du nettoyage l'exigent. Ces exemples démontrent d'une manière frappante l'importance que peuvent acquérir certains perfectionnements de détail et les conséquences imprévues auxquelles ils donnent lieu.

Les faisceaux tubulaires appliqués dans les chaudières dont il s'agit, sont du système de M. Bérendorff.

. 94. — (Fig. **75**.) La chaudière n° **75** à conduit intérieur et retour de flamme tubulaire, est munie de tubes mobiles système Langlois. C'est à cette particularité qu'elle doit d'être classée dans la série des chaudières démontables. La disposition générale qu'elle présente ressemble beaucoup à celle qui a été étudiée précédemment (fig. **58**).

CHAUDIÈRES VERTICALES

VIII

Note sur les chaudières verticales.

---

94. — L'introduction de la machine à vapeur dans l'industrie a modifié profondément les conditions économiques de la production ; aussi, bien que pendant longtemps l'usage de la vapeur ait été l'apanage des grandes usines ou des services importants, tels que les chemins de fer et la navigation, son influence s'est successivement étendue de telle sorte qu'elle a actuellement envahi tout le domaine du travail mécanique.

Depuis un certain nombre d'années, en effet, sous l'action stimulante de la concurrence, la petite fabrication a ressenti le besoin de demander à la vapeur la force qui lui est nécessaire, à la condition toutefois pour la vapeur de s'adapter aux exigences particulières de cette nouvelle destination.

Parmi les conditions qu'il importait surtout de satisfaire, figurent au premier rang celles qui se rapportent à l'emplacement et à la simplicité de l'installation. Le petit fabricant disposant d'un local restreint dont il ne jouit souvent qu'au titre précaire de locataire, ne pouvait prétendre à l'usage de la vapeur qu'autant qu'il pouvait aussi être exonéré de constructions encombrantes et dispendieuses, dépourvues de la faculté de se déplacer sans de grands sacrifices. La chaudière cylindrique munie ou non de bouilleurs, avec son fourneau et sa machine montée sur un massif de maçonnerie spécial, ne pouvait convenir à cet objet. La chaudière tubulaire, forme de locomobile, servant de support à la machine qu'elle est chargée d'alimenter, répondait infiniment mieux au but; aussi a-t-elle été et est-elle encore très-souvent adoptée. Mais elle présentait alors l'inconvénient grave dont nous avons parlé et auquel on n'avait pas encore trouvé moyen de parer, celui de s'incruster sans remède lorsque l'eau d'alimentation est très-impure. C'est sous l'empire de ces difficultés qu'a surgi le genre de chaudières dites verticales, qui conviennent principalement pour les forces de un à six et même huit chevaux, bien que plusieurs constructeurs en établissent pour des forces plus grandes encore. Elles sont, comme les locomobiles, disposées de manière à pouvoir servir d'appui aux machines qu'elles desservent, et dont les parties sont agencées en conséquence.

95. — (Fig. **76**.) La chaudière dont la figure **76** présente le modèle a été adoptée par M. Marinoni, mécanicien à Paris. Elle se compose d'un cylindre vertical en tôle, ouvert à sa base inférieure et fermé par un fond à sa partie supérieure : c'est la boîte à feu de l'appareil. Cette boîte à feu est surmontée d'un tuyau vertical en tôle formant cheminée. Un autre cylindre vertical d'une hauteur et d'un diamètre plus-grands que le premier, également ouvert dans le bas et fermé dans le haut, sauf une ouverture ménagée pour le passage de la cheminée, recouvre la boîte à feu où le foyer dont il vient d'être question.

Les deux cylindres sont assemblés à leur base par un cadre circulaire en fer, interposé dans l'espace libre et annulaire qui les sépare.

Une collerette en tôle, rivée d'une part sur le fond de l'enveloppe du foyer et d'autre part sur la circonférence de la cheminée qu'elle embrasse, réunit les extrémités supérieures de l'enveloppe et du foyer dont la cheminée forme le prolongement.

Une ouverture située vers le bas dans la double paroi cylindrique qui constitue la chaudière sert à l'introduction du combustible dans le foyer. Un cadre en fer rivé avec les deux parois cylindriques bouche l'espace annulaire qui entoure cette ouverture qu'une porte, mobile sur des gonds, sert à fermer pendant la marche.

La grille du foyer est circulaire ; elle occupe le bas de la boîte à feu qui est ouvert ainsi que cela a été dit ; enfin la chaudière repose sur un socle creux en fonte ou en maçonnerie dans lequel l'air extérieur peut aisément s'introduire, et dont la capacité constitue le cendrier.

L'eau à vaporiser introduite dans l'espace annulaire compris entre le foyer et son enveloppe, est maintenue, pendant tout le temps que dure la marche, à une hauteur toujours supérieure à celle du ciel du foyer.

96. — (Fig. **77** à **79**.) Les chaudières verticales de MM. Bréval, Egrot et autres, à Paris (voir fig. **77** à **79**), sont disposées à peu près de la même façon que celle qui précède ; mais, en vue d'obtenir une plus complète utilisation du combustible et une surface de chauffe, et par suite une puissance de vaporisation plus considérable, sans augmentation des dimensions de la chaudière, l'intérieur du foyer est traversé par un ou plusieurs gros tuyaux horizontaux superposés, qui débouchent en divers points de l'espace annulaire rempli d'eau, et qui par conséquent sont toujours remplis d'eau eux-mêmes. Ces gros tuyaux additionnels ont reçu la dénomination de bouilleurs intérieurs. Lorsqu'il en existe plusieurs dans un même foyer, leurs directions sont croisées, de manière à ce qu'ils se masquent le moins possible les uns aux autres la chaleur rayonnante du foyer, et à ce qu'ils divisent le courant de flamme avant son entrée dans la cheminée. Cette disposition ajoute évidemment à l'effica-

cité de la surface de chauffe des bouilleurs, et par suite à la bonne utilisation du combustible.

Il y a lieu de remarquer que, lorsque l'enveloppe se prolonge suffisamment en contrebas de la boîte à feu, comme c'est le cas pour la chaudière n° **71**, le cendrier attenant à la chaudière n'exige aucune construction spéciale.

97. — (Fig. **80** à **82**.) M. Hermann-Lachapelle, mécanicien à Paris, construit des chaudières à bouilleurs intérieurs analogues à celles dont nous venons de parler. Elles n'en diffèrent que par quelques détails de construction dont on peut se rendre compte sur les figures, et par la limite plus élevée à laquelle ce constructeur a porté les applications de ce système; cette limite atteint la force de 15 chevaux.

REMARQUE SUR LES CHAUDIÈRES VERTICALES PRÉCÉDENTES.

98. — L'intérieur des chaudières verticales précédentes est inaccessible; mais on a pourvu au besoin du nettoyage en pratiquant dans l'enveloppe extérieure des ouvertures fermées pendant la marche au moyen de tampons autoclaves placés vis-à-vis des extrémités des bouilleurs, au bas de l'espace annulaire qui entoure le foyer et à la hauteur de la base de la cheminée. Les bras et les outils peuvent en conséquence atteindre les diverses parties de la chaudière dont les dimensions sont très-restreintes.

C'est dans le but de faciliter l'opération du nettoyage que M. Hermann-Lachapelle donne à la partie basse du foyer une forme qui laisse à l'espace annulaire une plus grande étendue que la forme exactement cylindrique. Si cette disposition n'est pas plus généralement adoptée à cause du surcroît de dépense qu'elle occasionne, elle n'en mérite pas moins d'être signalée.

Dans les chaudières précédentes, le foyer pressé du dehors en dedans travaille dans des conditions défavorables; mais il convient de remarquer que ce foyer est consolidé par ses attaches avec l'enveloppe extérieure qui est pressée en sens contraire. On a vu n° 95 que ces attaches existent tout autour de la porte du foyer, autour de la collerette du fond de l'enveloppe que traverse la cheminée, et enfin autour du cercle de fer qui relie la base dudit foyer à celle de l'enveloppe. Lorsqu'en outre le système comporte des bouilleurs intérieurs, comme c'est le cas pour les types adoptés par MM. Bréval, Egrot, Cochot et Hermann-Lachapelle, ces bouilleurs ajoutent considérablement à sa solidité ; ils entretoisent les parois du foyer.

Quant à la cheminée qui traverse le réservoir de vapeur, et qui par conséquent est en partie chauffée sans être en contact continuel avec l'eau, elle donnerait lieu aux critiques qui ont été faites déjà à plusieurs reprises, si la faible surface qu'elle représente dans ces conditions n'atténuait les inconvénients qui y sont attachés. Le paragraphe 2 de l'article 8 du décret du 25 janvier 1865 prévoit et autorise le cas dont il s'agit. Si on tient compte de la position verticale des surfaces ainsi chauffées et de leur situation au milieu d'un réservoir de vapeur de peu d'étendue, où par conséquent l'ébullition est tumultueuse et donne lieu à des projections d'eau incessantes, on reconnaît qu'il aurait pu être fâcheux qu'une règle trop rigide privât l'industrie d'un type de chaudière qui présente à un haut degré, par suite de la faible quantité d'eau contenue, l'avantage de réduire dans une forte proportion les conséquences d'une explosion.

99. — (Fig. **83**.) La chaudière n° 83 diffère des précédentes précisément par la disposition du conduit de fumée qui aboutit à la cheminée. Ce conduit traverse horizontalement l'espace annulaire compris entre le foyer et son enveloppe, et forme un bout d'attente qui s'adapte avec les tuyaux en tôle qui forment au moins la partie inférieure de la cheminée. Cette disposition, qui est reproduite dans les types n°ˢ 84 et suivants, évite l'inconvénient dont il a été question plus haut, mais elle offre moins de commodité pour l'installation de la cheminée à laquelle elle procure notamment moins de stabilité.

Malgré le dôme qui le domine, le réservoir de vapeur ne paraît pas avoir une capacité suffisante; mais ce défaut particulier à la chaudière représentée n'infirme pas le type lui-même, car il pouvait être facilement évité, soit en diminuant la hauteur de foyer, soit en exhaussant la voûte de l'enveloppe.

100. — (Fig. **84**.) La chaudière n° **84** comporte un bouilleur intérieur d'une forme spéciale qui a seule besoin d'être indiquée ; cette forme est celle d'un T renversé [⊥]. La partie supérieure de la branche qui s'engage dans la cheminée jusqu'au niveau du dessus de la chaudière, ne doit pas fonctionner comme surface de chauffe, attendu que l'eau ne peut atteindre son sommet sans remplir en même temps la chaudière ; elle présente donc toujours une chambre de vapeur dont les parois sont chauffées sans être mouillées. On a reconnu d'une manière générale, n° **21**, combien une telle disposition est défectueuse.

101. — (Fig. **85**.) C'est encore la forme du bouilleur intérieur de la chaudière, n° **85**, qui demande à être examinée. Ce bouilleur cylindrique et vertical n'est relié au foyer que par une seule communication située sur le côté. Le dégagement de la vapeur et la rentrée de l'eau ne peuvent s'y faire simultanément qu'avec difficulté. Il est indispensable que la tubulure de communication débouche dans la partie la plus élevée de la capacité formée par ce bouilleur, si l'on veut éviter la formation d'une chambre de vapeur. Malgré cette précaution, le fond supérieur, à peu près constamment privé du contact de l'eau par une mince couche de vapeur, ne peut guère être considéré comme ajoutant à la surface de chauffe.

La seule circonstance avantageuse, fournie par les bouilleurs ainsi disposés, résulte de l'obstacle qu'ils créent au départ trop rapide des gaz chauds par la cheminée. Encore cet avantage est-il plus convenablement réalisé par les chaudières suivantes, n°ˢ **86** à **88**.

102. — (Fig. **86**.) La chaudière n° **86**, à bouilleur vertical, de

MM. Maulde et Wibart, mécaniciens à Paris, est exempte des inconvénients qui viennent d'être reprochés à la précédente; elle présente une surface de chauffe notable, une construction assez simple, et les gaz chauds doivent être relativement bien utilisés, lorsqu'ils atteignent le conduit latéral qui les porte à la cheminée. La possibilité de nettoyer la partie basse du bouilleur est assurée au moyen d'un trou percé dans l'enveloppe en regard d'une tubulure qui unit le bouilleur au foyer.

103. — (Fig. **87**.) La disposition représentée par la figure **87**, assez semblable à la précédente, se complique d'un fort tube qui traverse horizontalement le bouilleur intérieur, et d'une cheminée centrale avec laquelle ce conduit se raccorde. Les gaz chauds s'infléchissent pour pénétrer dans les deux extrémités du tube, mais les courants contraires qu'ils forment au bas de la cheminée doivent nuire au tirage. Une ou deux ouvertures suffisantes, percées dans la partie supérieure de l'enveloppe, sont indispensables pour que l'intérieur du bouilleur puisse être nettoyé.

104. — (Fig. **88**.) Le bouilleur intérieur est encore la partie de la chaudière n° **88** qui doit être spécialement mentionnée ici. Ce bouilleur cylindrique et vertical, au lieu d'être plein, est considérablement évidé par la boîte intérieure également cylindrique et verticale qu'il contient, et dont les parois ajoutent à la surface de chauffe. La vapeur, engendrée dans l'espace annulaire que forme ce bouilleur, s'écoule dans le réservoir de vapeur par plusieurs petites tubulures qui traversent le ciel de la boîte à feu, pendant que l'eau rentre par les deux tubulures latérales qui le fixent à la paroi verticale du foyer.

Des ouvertures, pratiquées dans l'enveloppe vis-à-vis des deux tubulures latérales, permettent de nettoyer, mais assez difficilement, l'intérieur du bouilleur.

105. — (Fig. **89** à **93**.) Les chaudières verticales, comprises dans

la série n⁰ˢ **89** à **93**, comportent des bouilleurs intérieurs de formes assez différentes ; mais la fonction de ces bouilleurs n'a guère besoin d'être étudiée spécialement après ce qui a été dit à ce sujet dans les notes précédentes. Le caractère le plus saillant qui motive la réunion de ces chaudières en un seul groupe consiste dans la propriété qu'elles ont toutes d'être démontables. Grâce à ce perfectionnement emprunté aux chaudières tubulaires, les constructeurs ont pu multiplier les bouilleurs et compliquer leurs dispositions de manière à augmenter considérablement la surface de chauffe.

A ce point de vue, la chaudière n° **89** de M. Armand Girard, constructeur à Paris, est particulièrement remarquable. La forme carrée du foyer et les faces planes qui en sont la conséquence, permettent de placer sans difficulté un très-grand nombre de bouilleurs de petit diamètre, par rangées entre-croisées et presque horizontales. Le grand développement de la surface de chauffe donne lieu, dans le cas dont il s'agit, à une meilleure utilisation de la chaleur et à un accroissement notable de puissance de vaporisation, les dimensions extérieures restant les mêmes. Quant au démontage, il a lieu par les moyens suivants : le pied de l'enveloppe est seulement boulonné à celui du foyer ; au lieu d'être fixée au fond de l'enveloppe par un collet rivé, la cheminée traverse un presse-étoupe assez semblable à ceux des tiges de pistons de machines à vapeur. Ce système d'assemblage, facile à rendre étanche, présente, dans l'espèce, l'avantage de laisser aux parties chauffées la faculté de se dilater librement.

Dans tous les types compris entre les n⁰ˢ **89** à **93**, un palan accroché au-dessus de la chaudière suffit pour la soulever ; mais, lorsque les joints de réunion de l'enveloppe du foyer avec le foyer et la cheminée ont été démontés, l'enveloppe seule est enlevée. Le foyer apparaît alors, ainsi que l'intérieur des tubes qui le traversent ; ils peuvent être aisément atteints dans toutes leurs parties et subir le nettoyage nécessaire.

106. — (Fig. **94** à **97**.) Le reproche qui pouvait être fait aux chaudières verticales dans lesquelles la surface de chauffe est en général peu développée et tout entière directe, de n'utiliser qu'une partie de la chaleur dégagée dans le foyer, a conduit plusieurs constructeurs à multiplier les bouilleurs intérieurs dans quelques-unes d'entre elles, notamment comme on vient de le voir dans celle n° **93**.

C'est à ce même motif que sont dues les dispositions représentées par les figures n°ˢ **94** à **97**, dans lesquelles les bouilleurs très-petits de diamètre sont fixés, en plus ou moins grand nombre, entre deux plaques, absolument comme les tubes des chaudières tubulaires, circonstance qui les fait quelquefois confondre avec ces dernières. Cependant, comme il peut être utile dans certains cas de ne pas commettre cette confusion, particulièrement pour les chaudières de bateaux (et il en était de même avant la nouvelle réglementation pour les chaudières fixes, locomobiles et locomotives), nous continuerons d'appeler *tubes* les organes qui supportent la pression de la vapeur sur leur face convexe ; *bouilleurs*, ceux qui sont soumis à cette pression par leur face concave. L'intérêt qui s'attache à cette distinction résulte des prescriptions différentes auxquelles les chaudières qui comportent les uns ou les autres sont assujetties. En effet, la charge d'épreuve des chaudières tubulaires, montées à bord des bateaux, est double seulement de la pression effective *maximum* de marche, tandis qu'elle est triple pour celles à bouilleurs. Il en était de même autrefois pour les appareils qui sont régis aujourd'hui par le décret du 25 janvier 1865, et soumis en conséquence aux règles spéciales que nous avons fait connaître dans les notes préliminaires n°ˢ 19 et 20,

107. — (Fig. **94**.) Dans la figure **94**, le foyer, placé au bas de la chaudière, débouche dans une boîte à fumée cylindrique entourée de bouilleurs verticaux, et surmontée d'une cheminée qui traverse le réservoir de vapeur. Au fur et à mesure que l'eau se vaporise dans ces bouilleurs, elle est remplacée par celle qui se trouve au bas de la chaudière, et la vapeur engendrée se rend sans obstacle au réservoir de vapeur. La circulation qui se produit ainsi est très-favorable au bon fonctionnement de la surface de chauffe, comme on aura l'occasion de le voir plus complétement dans la note relative aux chaudières munies des bouilleurs Perkins, n° 116.

108. — (Fig. **95.**) La chaudière **95**, semblable à la précédente quant aux dispositions principales, en diffère par le gros bouilleur vertical qui occupe la partie centrale de la boîte à fumée. Le fond de ce bouilleur reçoit le coup de feu et force la flamme à se répandre dans l'espace annulaire de la boîte à fumée où sont situés les petits bouilleurs.

La forme conique du foyer permet de donner une plus grande étendue à la grille; d'une autre part, la cheminée, débouchant dans le haut de la boîte à fumée, ne traverse pas le réservoir de vapeur.

109. — (Fig. **96.**) La chaudière n° **96** réalise la même disposition que les précédentes, mais d'une manière plus complète. Au lieu d'un simple rang de petits bouilleurs placés tout autour de la boîte à fumée, les bouilleurs remplissent la plus grande partie de la capacité. C'est à la forme cylindrique du foyer et à la cloison à double paroi remplie d'eau qui le recouvre en grande partie, qu'est due la possibilité de loger un grand nombre de bouilleurs dans la boîte à fumée. La position de la cheminée, dont l'origine est placée au bas de cette boîte et dans la partie opposée à celle par laquelle les gaz du foyer s'y rendent, est très-propre à diminuer les pertes de chaleur.

On sait que les gaz les moins chauds sont aussi les plus denses et qu'ils tendent à occuper les parties les plus basses des capacités qui les contiennent; ce sont donc les gaz les plus refroidis qui devraient s'écouler par la cheminée. Cette circonstance se réalise en partie; l'effet dont il s'agit ne se produisant complétement qu'à la faveur de l'immobilité des milieux gazeux.

118. (Fig. **97.**) Les conditions de chauffage, réalisées dans la chaudière n° **95**, sont remarquables. Le foyer est situé à l'intérieur

d'un appendice horizontal rempli d'eau ; il est, en outre, placé **de manière** à ce que les gaz de la combustion pénètrent dans la **partie** supérieure de la boîte à fumée. Les bouilleurs, contenus en grand nombre dans cette boîte qu'ils remplissent, divisent le courant gazeux, et la partie la plus refroidie de ce courant peut seule gagner la cheminée située à la partie la plus basse de la boîte à fumée. La position de la cheminée est telle, en effet, que les gaz ne peuvent s'y rendre sans avoir été en contact avec les bouilleurs, dont le pouvoir réfrigérant est d'autant plus grand, que le métal en est mince, et qu'ils forment une surface considérable derrière laquelle l'eau se renouvelle fréquemment, par suite de la facilité déjà reconnue (note 107) avec laquelle la vapeur se dégage des bouilleurs verticaux pour se rendre au réservoir de vapeur.

111. — (Fig. **94** à **96**.) Les chaudières énumérées dans la série **94** à **96** sont connues des industriels comme très-économiques : le grand développement de la surface de chauffe par rapport à la quantité de combustible consommé, explique ce résultat (note 6), d'autant plus accentué dans les chaudières de MM. Leleu et Clavier, mécaniciens à Paris (type n° **96**), que ces constructeurs ont la recommandable habitude d'envelopper l'extérieur de leurs chaudières de substances peu conductrices de la chaleur.

Il est encore à remarquer, à l'égard des mêmes chaudières, que la position verticale de la plus grande partie des parois qui constituent la surface de chauffe les expose moins à être incrustées ; les matières incrustantes se déposant principalement dans les capacités qui forment la partie basse de ces appareils, il est assez facile de les extraire au moyen des ouvertures ordinaires de nettoyage dont ces parties sont munies.

GRANDES CHAUDIÈRES VERTICALES DES USINES MÉTALLURGIQUES

112. — Nous devons mentionner parmi les chaudières verticales, les vastes corps cylindriques qui sont installés dans une position verticale, principalement dans les usines à fer. Ces chaudières, placées à la suite de fours dans lesquels le métal est l'objet d'élaborations diverses, permettent d'utiliser la chaleur perdue considérable de ces fours. Une grande force motrice étant nécessaire pour donner le mouvement aux divers engins, tels que laminoirs, marteaux-pilons, cisailles et autres employés dans les manipulations auxquelles le métal doit être soumis, on a songé à demander la chaleur qui peut fournir cette force motrice aux flammes perdues des fours, en obligeant ces dernières à circuler autour et à l'intérieur des chaudières à vapeur.

Les chaudières dont il s'agit, considérées indépendamment de leur situation, appartiennent à l'un des groupes précédemment étudiés. Ce sont généralement des corps cylindriques avec ou sans conduit de fumée intérieur, contenus dans des fourneaux appropriés. Ces fourneaux ont l'avantage de ne pas gêner le mouvement des gaz, et le tirage des fours peut y être réglé comme dans le cas d'une cheminée ordinaire, ce qui est très-important.

Le motif qui détermine l'adoption de la position verticale est le peu d'espace qu'exige une chaudière ainsi montée, quelle que soit d'ailleurs sa longueur, qui atteint parfois une vingtaine de mètres. On voit, en conséquence, que la position verticale des chaudières chauffées par les flammes perdues des fours n'est pas indispensable ; fréquemment, au contraire, des chaudières horizontales, avec ou sans bouilleurs, sont chauffées dans ces conditions.

113. — La figure **98** représente une chaudière de l'espèce dont il s'agit, modifiée par l'adjonction d'un certain nombre de bouilleurs extérieurs de petits diamètres se raccordant avec le corps cylindrique principal au moyen des coudes qui terminent leurs extrémités. Le

ype reproduit peut desservir quatre fours. Cette disposition, brevetée et imaginée par M. Salzard, garde-mines à Joinville-sur-Marne, permet d'augmenter notablement la surface de chauffe des générateurs verticaux de dimensions données, mais le nettoyage des bouilleurs ne paraît pas pouvoir être effectué sans démontage.

CONCLUSION

114. — On peut adresser aux petites chaudières verticales sans bouilleurs intérieurs le reproche de consommer une plus grande quantité de combustible que les chaudières horizontales pour produire un même résultat. La circulation des gaz chauds étant très-limitée à l'intérieur de ces générateurs, la cheminée entraîne une quantité de chaleur considérable non utilisée. Cet inconvénient est moindre pour les chaudières à bouilleurs intérieurs ; il est négligeable dans tous les cas où les qualités propres à ce système acquièrent une importance prépondérante (94).

Les chaudières verticales ont en outre un inconvénient qui leur est commun avec toutes celles dans lesquelles la capacité est très-faible par rapport à la surface de chauffe, celui d'être exposées à des irrégularités de pression gênantes lorsque le travail qu'elles ont à produire est susceptible de varier brusquement. Dans ces cas, la conduite du foyer et de l'alimentation exige une attention soutenue ; mais, avec quelques précautions, on peut atténuer cet inconvénient dans une mesure suffisante.

IX

Note sur les chaudières verticales et tubulaires.

———

115. — On a vu, n° 106, comment la tendance à augmenter la surface de chauffe sans accroître la capacité a conduit certains constructeurs à diminuer le diamètre des bouilleurs et à en multiplier le nombre à tel point que les chaudières de ce système ressemblent assez aux générateurs tubulaires pour pouvoir être confondues avec eux à première vue. On a dit, même note, que la différence qui existe entre ces chaudières n'a d'importance qu'au point de vue des prescriptions réglementaires, lesquelles distinguent les cylindres pressés de dehors en dedans de ceux pressés en sens inverse, par suite de la stabilité très-différente que la forme cylindrique présente dans les deux cas. Quant aux autres propriétés, elles ont une très-grande analogie dans les deux systèmes ; le développement de la surface de chauffe et la capacité y sont à peu près les mêmes, aussi bien que les difficultés du nettoyage. Il était donc assez naturel, du moment où l'on renonçait à la simplicité qui caractérise les premières chaudières verticales, qu'on revînt, comme cela a eu lieu, à l'emploi des tubes, qui ont, à un degré supérieur, l'avantage de développer la surface de chauffe.

. Telles sont aussi les raisons qui ont fait réunir dans un même appareil la forme verticale et le système tubulaire que présentent les chaudières réunies dans le groupe qu'il s'agit d'étudier maintenant.

116. — (Fig. **99**.) Une des plus anciennes, sinon la plus ancienne chaudière verticale tubulaire, a été imaginée par M. Beslay ; elle consiste, comme le montre la figure **99**, en deux parties distinctes superposées. La partie supérieure S est munie de six tubes verticaux T ; son fond inférieur V forme le ciel de la boîte à feu, contenue dans la seconde partie. Un bouilleur vertical R, rivé au fond du corps supérieur, occupe la partie centrale de la boîte à feu, dans laquelle il descend très-bas. Cet appareil est établi sur un socle qui contient le foyer proprement dit et le cendrier ; la flamme s'élève autour du bouilleur et traverse les tubes pour se rendre à la cheminée.

Pour mettre l'intérieur des deux compartiments en communication, plusieurs petits tuyaux A sont disposés dans la plaque tubulaire V, de manière à permettre à la vapeur engendrée dans le bouilleur et dans l'espace annulaire qui enveloppe la boîte à feu de se rendre au réservoir de vapeur. A mesure que l'eau se dépense dans ces parties, elle est remplacée par celle qui s'écoule dans le bouilleur au moyen du tuyau B et dans l'espace annulaire par le tuyau C. Un très-petit dôme D contient l'extrémité du tuyau de prise de vapeur.

117. — (Fig. **100**.) Le même inventeur a simplifié cette première disposition en supprimant la cloison horizontale VV qui divisait la chaudière (fig. **100**) en deux parties et en la remplaçant par une plaque tubulaire rivée à la partie supérieure du foyer et à un

rebord d'équerre forgé autour de la partie supérieure du bouilleur. Quatre tubulures de communication relient le bas du bouilleur à l'espace annulaire qui entoure le foyer.

Les deux modèles de chaudières qui viennent d'être examinés ont une partie de la surface de chauffe tubulaire au-dessus du niveau de l'eau. Cette disposition, commune à la plupart des chaudières verticales tubulaires, est tolérée par les règlements (art. 8, § 2 du décret du 25 janvier 1865). La surface en question est éloignée du foyer, verticale et d'une étendue relativement faible; le peu d'épaisseur des parois ne permet pas qu'il s'y fasse une notable accumulation de chaleur. D'un autre côté, les gaz chauds, obligés de se diviser en filets peu volumineux avant de traverser les tubes, se refroidissent considérablement au contact de la portion mouillée, dont la température ne peut être très-élevée.

118. — (Fig. **101** à **103**.) Les chaudières nᵒˢ **101** à **103** se composent d'un foyer vertical surmonté d'un faisceau tubulaire. Celle nᵒ **101**, destinée à alimenter des grues du système de M. Chrétien, dans lesquelles le piston commande directement les chaînes de l'appareil de levage, est construite en vue d'une très-forte pression. Les rivures longitudinales sont à doubles rivets. Un tirant central assure le maintien des plaques tubulaires.

119. — Celle nᵒ **102**, adoptée par M. Aubert, mécanicien à Paris, est munie de tubes du système Bérendorff et d'une contre-plaque de garantie (nᵒˢ **88** et **89**). Un trou d'homme, percé dans l'enveloppe à une hauteur supérieure à celle du foyer, permet de pénétrer dans la chaudière quand les tubes en sont retirés.

120. — La chaudière nᵒ **103**, à tubes fixes, est munie d'un bouilleur sphérique, qui ajoute à la capacité et à la surface de chauffe directe de l'appareil; mais les tubes ne peuvent y être aussi nombreux que si le bouilleur n'existait pas. Cette chaudière est de construction anglaise.

121. — (Fig. **104**.) La chaudière figure **104** a été imaginée par M. Testud de Beauregard pour produire à volonté de la vapeur sèche, mais non dessaturée, ou de la vapeur surchauffée. Les dispositions supplémentaires qui doivent donner ce résultat, et par lesquelles cet appareil diffère des trois générateurs précédents, consistent en ce que la vapeur du réservoir qui entoure la partie supérieure du faisceau tubulaire, au lieu de se rendre directement à la machine ou aux appareils à chauffer, est conduite par un tuyau de petit diamètre à un récipient de forme lenticulaire D, qui forme le ciel de la boîte à fumée et qui fonctionne comme réservoir de vapeur. L'eau, entraînée, achève de se vaporiser dans ce récipient; l'excédant, s'il y en a, retourne au générateur par un petit tube vertical E, qui met les deux appareils en communication.

Lorsqu'on se propose de produire de la vapeur surchauffée, on ne fait pas usage de la prise de vapeur L, située au-dessus de la chaudière, mais d'une autre prise G, montée sur un massif en fonte tubulaire qui entoure le foyer. La vapeur engendrée se rend à l'intérieur de ce massif, fortement chauffé, par un serpentin logé dans la boîte à fumée et par un tuyau vertical K, muni d'un robinet, qui en forme le prolongement.

122. — (Fig. **105**.) Le générateur n° **105**, du même ingénieur, se compose de deux corps de chaudière verticaux et tubulaires, surmontés de récipients sécheurs analogues à celui de la chaudière précédente; les gaz chauds y circulent successivement avant de se rendre à la cheminée, dont la base est occupée par une bâche, également verticale et tubulaire, contenant l'eau d'alimentation. Ces gaz, produits dans un foyer à flamme renversée, s'élèvent dans le premier corps et redescendent dans le second, après avoir franchi les deux boîtes à fumée réunies par une tubulure. Une ventilation suffisante, pratiquée à la base de la chambre de combustion, supplée au tirage que la cheminée n'est pas chargée de produire, l'auteur du système se proposant de refroidir les gaz jusqu'à la température de l'eau contenue dans le second corps.

Des massifs tubulaires en fonte, dans lesquels circule la vapeur selon le mode précédemment indiqué, garnissent les parois de la chambre à combustion, et la vapeur surchauffée qui s'y produit est conduite par des tuyaux au second corps de chaudière, à l'eau duquel elle cède la chaleur qu'elle possède en excès.

Les dispositions qui précèdent sont assurément capables de réaliser une utilisation très-grande de la chaleur développée par la combustion, mais il n'est pas évident que le résultat soit proportionné aux moyens mis en œuvre pour l'obtenir.

123. — (Fig. **106** à **112**.) Les chaudières comprises dans la série nᵒˢ **106** à **112** ne diffèrent de celle nᵒ **101** que par la boîte à fumée qui les surmonte, ce qui permet d'élever un peu plus le niveau de l'eau.

124. — (Fig. **106**.) Un couvercle métallique supporte la base de la cheminée de la chaudière nᵒ **106**.

125. — (Fig. **107**.) La forme conique de la boîte à fumée de la chaudière nᵒ **107** permet de supprimer ce couvercle, sujet à brûler; en outre, elle augmente un peu la capacité du réservoir de vapeur.

126. — (Fig. **108**.) La disposition des tubes qui convergent vers la plaque tubulaire supérieure, dans la chaudière nᵒ **108**, donne le même résultat sans exiger que les parois de la boîte à fumée s'écartent autant de la position verticale que dans la chaudière précédente.

127. — (Fig. **109**.) Les diamètres relativement grands du foyer et de la boîte à fumée de la chaudière nᵒ **109** motivent l'emploi des entretoises, des tirants et des armatures que montre la figure.

128. — (Fig. **110**.) Dans la chaudière nᵒ **110**, la boîte à fumée a très-peu de hauteur; un simple tuyau de cheminée traverse le réser-

voir de vapeur, dont la capacité est d'ailleurs assez grande en raison de sa forme conique et de sa hauteur. Dans ces conditions, le niveau de l'eau peut être élevé sans inconvénient au-dessus de la boîte à fumée. Quant à la forme conique de la boîte à feu, elle permet de donner un plus grand diamètre à la grille.

Le profil inusité que présente l'enveloppe extérieure de la chaudière exige une main-d'œuvre plus coûteuse que la forme cylindrique; il s'explique par l'usage auquel la chaudière était destinée. Appelée à desservir une pompe à incendie à vapeur, elle devait être d'un transport aussi facile que possible, et il y avait intérêt à ce que l'enveloppe se modelât en quelque sorte autour des organes intérieurs, de manière à diminuer dans une notable proportion la quantité d'eau.

129. — (Fig. **111.**) La petite chaudière n° **111** est destinée à fournir la vapeur consommée, en petite quantité, dans certains établissements de bains de vapeur. Elle est construite en cuivre mince et par les procédés usités dans la petite chaudronnerie. Posée sur un réchaud approprié, le rebord R la maintient en équilibre; son fond est alors fortement chauffé, et les gaz chauds se rendent à la cheminée en traversant les petits tubes entourés du liquide.

130. — (Fig. **112.**) La figure **112** représente le type de générateur adopté par M. Hippolyte Fontaine pour l'alimentation de son moteur domestique. Cet ingénieur s'étant proposé d'étendre l'emploi de la vapeur aux cas qui en paraissent peu susceptibles, notamment à ceux où le travail musculaire d'un homme, et même un travail moindre, suffit pour la manœuvre d'outils tels que tours, scies, pompes, machines à coudre, etc., il a dû, pour atteindre ce but, réaliser des conditions de fonctionnement exceptionnelles. Le générateur dont il s'agit n'exige, en effet, ni fourneau extérieur ni cheminée; l'alimentation en combustible et en eau a lieu seulement pendant les intervalles de la marche; enfin des dispositifs conjugués, très-ingénieux, règlent automatiquement, et l'un par l'autre, la pression de la vapeur et l'intensité de la combustion. Le concours de ces diverses conditions dispense, en conséquence, de l'emploi d'un conducteur spécial pour la chaudière, résultat capital dans l'espèce.

Nous ne pouvons mieux faire que de renvoyer, pour l'étude de ce moteur, au compte rendu descriptif publié dans la *Revue industrielle*, année 1870. Quant à la disposition de chaudière qui s'y rapporte, elle est chauffée au moyen du gaz d'éclairage, et consiste en un corps cylindrique vertical de petite dimension terminé par deux fonds plats très-épais. Le fond inférieur est percé d'une vingtaine de trous de petit diamètre, disposés en couronne, dans lesquels s'engagent autant de tubes débouchant dans une boîte B, formée d'une pièce en fonte boulonnée avec la plaque tubulaire supérieure. Un assez gros tube fixé au centre des plaques tubulaires ramène les gaz chauds vers le bas de l'appareil, dans un conduit sinueux qui les porte à l'extérieur.

Les organes intérieurs, les seuls qui soient soumis à l'action de la chaleur, ne s'élèvent pas à la moitié de la hauteur du corps de la chaudière. Il reste, en conséquence, un espace suffisant pour loger la provision d'eau à dépenser entre les temps d'arrêt, naturellement indiqués par les heures de repas. Le réservoir de vapeur consiste dans le tube R, qui s'engage, par sa partie inférieure et fermée, à l'intérieur du tube central, par lequel les gaz chauds s'échappent de la boîte à fumée.

131. — (Fig. **113**.) Le dôme de vapeur qui surmonte la chaudière n° **113** permet d'alimenter plus haut que le faisceau tubulaire Enfermé dans une boîte à fumée rapportée, il est lui-même chauffé, et, à moins de contenir de l'eau, il présente des parois chauffées sans être mouillées qu'il eût été facile de supprimer.

132. — (Fig. **114**.) Le récipient latéral dont est pourvue la chaudière n° **114** permet aussi d'alimenter plus haut que les tubes, et la paroi verticale de la boîte à fumée est chauffée sans être mouillée sur une plus faible étendue qu'elle ne l'est dans les chaudières sem-

blables privées de ce récipient. En outre, la cheminée débouche dans la paroi latérale, et non dans la partie supérieure de la boîte à fumée.

133. — (Fig. **115** à **117**.) Dans les chaudières n^os **115** à **117**, les tubes ne sont fixés à une plaque tubulaire proprement dite que par une extrémité, tandis que l'autre extrémité recourbée débouche en différents points des parois cylindriques qui forment ou le foyer ou son enveloppe. Une chemise rapportée à l'extérieur de cette enveloppe tient lieu de boîte à fumée ; les gaz chauds qui s'y rendent y trouvent l'orifice de la cheminée de dégagement, qui peut être située plus ou moins haut. Selon ces divers cas, une portion plus ou moins grande de l'enveloppe extérieure peut être chauffée. L'avantage principal de cette disposition consiste en ce qu'aucune paroi de la chaudière n'est chauffée sans être mouillée, et en ce que le réservoir de vapeur présente une plus grande capacité ; mais, ainsi que l'on a déjà eu l'occasion de le dire, le nettoyage des tubes recourbés enduits de suie intérieurement, après un certain temps de service, ne se fait pas avec facilité (n° 70).

134. — (Fig. **116**.) La surface de chauffe de la chaudière n° **116** n'est pas augmentée par la présence du gros tube central fermé à son extrémité supérieure, attendu que le nombre des tubes qui débouchent dans la boîte à fumée est moins considérable avec cette disposition. En outre, la section libre pour l'écoulement des gaz chauds est diminuée, et avec elle la faculté de brûler du combustible.

135. — (Fig. **117**.) La disposition n° **117**, dans laquelle la partie inférieure des tubes prend naissance sur les parois latérales du foyer à une distance plus grande de l'axe vertical de la chaudière que dans le générateur précédent, permet de placer un plus grand nombre de tubes et de développer davantage la surface de chauffe.

136. — (Fig. **118** à **121**.) Les chaudières comprises dans la sé-

rie n⁰ˢ **118** à **121** sont à retour de flamme. Dans une note précédente, on a déjà exposé en quoi consiste cette disposition et les particularités qui s'y rattachent (nᵒˢ 67 et 72).

137. — (Fig. **118.**) La figure **118** montre une application particulière de ce système à une puissante chaudière verticale. L'espace annulaire F F est divisé par des cloisons verticales en quatre compartiments contenant chacun un foyer. Les gaz chauds s'élèvent dans la chambre de combustion annulaire C, située plus haut, et chauffent les deux parois cylindriques qui la limitent et qui sont toutes deux en contact avec l'eau à vaporiser ; ces gaz pénètrent ensuite dans le faisceau tubulaire qui surmonte la chambre de combustion et se rendent dans une boîte à fumée entourée d'eau ; la partie inférieure de cette boîte à fumée communique avec un grand conduit central et vertical, dont l'extrémité inférieure plonge dans un carneau en maçonnerie qui rejoint la cheminée. Dans ce dernier trajet, les gaz sont encore en contact avec des parois mouillées.

A raison du grand diamètre de sa paroi la plus éloignée de l'axe, la chambre de combustion, qui est pressée de dehors en dedans, est consolidée par des entretoises ; la paroi du conduit central, pressée dans les mêmes conditions, est aussi consolidée : la partie basse par des entretoises, le reste par des cornières doubles longitudinales.

La chaudière en question est remarquable par l'étendue considérable de sa surface de chauffe. Les grands diamètres employés et le grand nombre d'entretoises qu'ils nécessitent la rendent coûteuse à établir, et, lorsque l'eau d'alimentation est impure, elle doit être assez rapidement mise hors de service, par suite de l'impossibilité évidente d'en effectuer complétement le nettoyage.

138. — (Fig. **119.**) La figure **119** présente des dispositions semblables à celles décrites sous les nᵒˢ **63** et **65.** Elle en diffère par sa position verticale, qui exige qu'une porte soit percée dans la partie cylindrique de l'enveloppe et du foyer ; en outre, le mode de réunion des organes intérieurs avec l'enveloppe extérieure la prive de la faculté d'être démontable.

139. — (Fig. **120**.) La figure **120** représente une disposition analogue à la précédente.

Le foyer occupe le centre de l'enveloppe, et les tubes sont placés, à l'exception de l'emplacement de la porte, tout autour de l'espace annulaire compris entre les deux corps cylindriques verticaux. Un assez grand nombre de petits bouilleurs fixés au ciel de la boîte à fumée où s'opère le retour de flamme, pendent dans la chambre de combustion et augmentent la surface de chauffe ; mais il est impossible de les nettoyer.

140. — (Fig. **121**.) Dans la figure **121**, l'emploi des tubes recourbés, fonctionnant en partie comme tubes directs, en partie comme tubes de retour de flamme, supprime la boîte à fumée, nécessaire avec les retours de flamme ordinaires.

On a présenté dans une note précédente, n° 70, relative aux chaudières tubulaires à retour de flamme, les observations auxquelles donnent lieu les tubes employés par le même constructeur.

La position verticale de l'appareil dont il s'agit ici permet de placer les tubes tout autour de l'espace annulaire compris entre le foyer et son enveloppe. Une galerie inférieure recueille les gaz chauds et les conduit à la cheminée qui s'élève sur le côté.

Une disposition analogue est appliquée aux chaudières n^{os} **119** et **120**, qui ont été mentionnées plus haut.

GÉNÉRATEURS A PRODUCTION RAPIDE

X

Note sur les générateurs à production rapide.

141. — Dans les types de chaudières précédemmment étudiés, les dispositions et les formes des appareils présentent une relation assez constante avec leurs principales propriétés pour justifier la division en groupes qui a été adoptée jusqu'ici. Leur désignation au moyen de rubriques empruntées aux conditions géométriques des diverses parties qui les composent donnait, en conséquence, la possibilité de les classer d'une manière assez naturelle. Il n'en est pas de même des générateurs qui font l'objet de la présente note. Ils diffèrent notablement des types précédents, et, sans se ressembler entre eux, ils possèdent un caractère commun assez important pour motiver leur réunion en un seul et même groupe : celui de présenter une grande puissance de vaporisation et une capacité extrêmement réduite.

Les promoteurs du genre de générateurs dont il s'agit se proposaient en principe de produire la vapeur au fur et à mesure des besoins de la consommation. Dans ce but, ils introduisaient l'eau successivement, et au fur et à mesure de la dépense, dans des appareils dont les parois métalliques, très-étendues, étaient fortement chauffées. Ces générateurs, s'ils avaient bien fonctionné, auraient présenté au degré le plus élevé les avantages propres aux appareils de faible capacité : de ne pouvoir donner lieu à des explosions dangereuses, d'entrer en pression dans un temps fort court, de n'occuper qu'un espace minime et d'être d'une très-grande légèreté ; avantages particulièrement précieux dans certains cas, et notamment dans la navigation à vapeur. Selon le point de vue spécial sous lequel ils ont été envisagés, ces appareils ont été dénommés générateurs à circulation, à vaporisation instantanée ou rapide, inexplosibles, etc.

Les premiers générateurs établis par différents expérimentateurs, d'après le programme indiqué plus haut, n'ont pas réussi. Ils donnaient lieu à une vaporisation excessivement irrégulière et à des difficultés de nettoyage presque insurmontables ; leurs parois, n'étant pas suffisamment refroidies par les contacts intermittents de l'eau, étaient exposées à brûler fréquemment ; ces divers inconvénients n'étaient pas même compensés par une meilleure utilisation de la chaleur.

Cependant, après de nombreux essais et en renonçant à la rigueur du progamme primitif, M. Belleville est parvenu à éviter les inconvénients qui viennent d'être signalés, et à réaliser un générateur qui satisfait aux exigences de la pratique, grâce aux appareils ingénieux qui le complètent ; ces appareils ont pour fonction de régler automatiquement l'intensité de la combustion et l'introduction de l'eau dans la chaudière.

142. — (Fig. **122** A.) Un nombre variable de tuyaux horizontaux de faible diamètre, emboîtés à chacune de leurs extrémités dans des manchons creux, sur lesquels ils sont vissés de manière à composer une sorte de serpentin à coudes rectangulaires, constituent ce

que M. Belleville appelle un élément de son générateur. La réunion d'un nombre également variable d'éléments semblables, fixés verticalement les uns à côtés des autres, constitue le vaporisateur proprement dit.

Par leur extrémité restée ouverte, les tuyaux inférieurs de chaque élément débouchent dans un tuyau transversal, de dimensions plus grandes, dit *collecteur* inférieur. Les tuyaux supérieurs des éléments débouchent de même, par une de leurs extrémités, dans un collecteur dit supérieur, situé au-dessus du collecteur inférieur. Ainsi assemblés, les tuyaux d'un même élément communiquent entre eux, mais ils n'ont avec les autres éléments qu'une communication indirecte, par l'intermédiaire des collecteurs.

L'eau est introduite par l'une des extrémités du collecteur inférieur; elle pénètre en même temps dans les tuyaux inférieurs de chaque élément; refoulée par l'appareil alimentaire, elle s'élève à la fois dans toutes les rangées de tuyaux superposés, en traversant les manchons qui les relient, et son niveau s'établit à la même hauteur dans les diverses parties de l'appareil. L'alimentation est considérée comme suffisante lorsque ce niveau correspond au milieu du manchon de communication qui relie les tuyaux de la troisième à ceux de la quatrième rangée, à partir du bas.

Pendant le chauffage, la vapeur formée dans chaque élément s'élève jusqu'au collecteur supérieur, et de là elle se rend, en traversant un tuyau de petit diamètre, dans un récipient appelé épurateur. C'est au sommet de l'épurateur que se trouve placé le tuyau de prise de vapeur.

Cette collection de tuyaux, plus ou moins grands et plus ou moins nombreux, selon l'importance de l'appareil, est renfermée dans un fourneau, sorte de chambre partie en maçonnerie de briques, partie en tôle, et fermée en avant par des portes en fer, qui permettent de visiter le générateur même pendant la marche (fig. **122** B). Une large grille à barreaux mobiles, supportée par des sommiers en fer, sépare l'espace laissé au-dessous du vaporisateur en deux compartiments servant, l'un de foyer, l'autre de cendrier. Ces deux compartiments sont munis de portes mobiles. Enfin, l'ouverture qui met le fourneau en communication avec la cheminée est placée à l'arrière et à la partie supérieure du fourneau; elle est munie d'un registre.

Lorsque la petite quantité d'eau contenue dans le générateur est soumise à l'action de la chaleur par tous les points de la surface de ces tuyaux, elle s'échauffe rapidement, et bientôt une ébullition violente a lieu; la vapeur se dégage tumultueusement, entraînant une forte proportion d'eau chaude qui achève de se vaporiser dans les tuyaux·qu'elle doit traverser avant d'atteindre la prise de vapeur.

Les collecteurs et les manchons, situés en avant, sont percés, en regard des tubes qui y aboutissent, de trous circulaires, fermés au moyen de tampons autoclaves, dont le diamètre est au moins égal à celui de l'intérieur des tubes. Les portes qui forment la devanture du fourneau étant ouvertes, les bouchons sont tous accessibles, et il suffit de les ouvrir pour que le nettoyage puisse avoir lieu; il s'effectue au moyen d'une espèce de tarière. En manœuvrant cet outil, dont la longueur et le diamètre sont proportionnés aux tuyaux, on parvient assez facilement à détacher le tartre qui recouvre leurs parois.

Il est utile de faire remarquer que, le niveau de l'eau ne s'élevant pas au-dessus des trois rangées inférieures, le nettoyage ordinaire se borne, le plus souvent, à ces trois rangées, ce qui réduit considérablement le travail; quant au nettoyage général, il n'est nécessaire de le pratiquer qu'à des intervalles assez éloignés.

La partie du générateur la plus rapprochée du combustible comprend les tubes des rangées inférieures. Plus exposée à une chaleur intense, elle est aussi mieux en état de la supporter, refroidie qu'elle est intérieurement par le contact de l'eau qu'elle contient toujours. Les rangées situées au-dessus sont de moins en moins mouillées par le liquide projeté pendant l'ébullition, mais en même temps la température à laquelle elles sont soumises va en décroissant suffisamment pour que les coups de feu ne soient pas à craindre.

143. — La figure **122** C représente un générateur analogue au précédent, dans lequel les éléments sont formés de deux tuyaux accolés, réunis au moyen de manchons doubles.

144. — La description qui précède montre que le générateur de M. Belleville remplit les conditions suivantes :

Les éléments qui le composent sont cylindriques et, par conséquent, indéformables ; leur petit diamètre se prête à l'emploi des pressions très-élevées, bien que le métal en soit assez mince, et cette dernière circonstance est favorable à la légèreté de l'appareil, dont les dimensions extérieures sont d'ailleurs très-réduites.

La capacité intérieure, toujours faible, même pour de grandes puissances de vaporisation, permet d'installer les générateurs de ce système dans des locaux où les chaudières ordinaires ne seraient pas admissibles avec les règlements actuels ;

Les explosions ne peuvent avoir de conséquences graves ;

La vapeur engendrée est sèche et même surchauffée ;

La mise en pression a lieu très-rapidement ;

Le nettoyage de l'appareil est possible dans toutes ses parties ;

Enfin, malgré le faible volume d'eau contenue, la régularité de la vaporisation est assurée à l'aide des régulateurs du registre et de l'alimentation qui fonctionnent automatiquement.

Ces deux appareils spéciaux ont une importance capitale ; mais nous ne croyons pas devoir ici entrer dans le détail de leur construction ; nous dirons seulement qu'ils règlent à chaque instant le tirage du foyer et l'alimentation, de manière à maintenir presque invariables la pression et le volume d'eau de la chaudière, malgré les variations de la dépense de vapeur et de la combustion.

145. — (Fig. **123**.) MM. Hédiard et Joly ont créé un générateur à circulation qui fonctionne sans le secours d'appareils auxiliaires.

Ce générateur se compose de plusieurs parties identiques, mais distinctes, placées à côté les unes des autres à l'intérieur d'un fourneau en maçonnerie, et mises en communication par leurs extrémités supérieure et inférieure avec un récipient R, placé dans un carneau.

Chacune de ces parties se compose d'un bouilleur B, très-incliné d'avant en arrière, disposé longitudinalement dans le foyer, de manière que la partie la plus élevée soit située au-dessus de la grille, et d'un serpentin vertical formé par des tuyaux droits et horizontaux, raccordés entre eux au moyen de coudes facilement démontables. Les éléments de ce générateur sont réunis entre eux par la partie inférieure des bouilleurs au moyen d'un tuyau d'alimentation muni de tubulures en nombre égal à celui des éléments.

La vapeur, en sortant du réservoir, traverse encore des tuyaux chauffés et ne parvient à la machine qu'après que l'eau entraînée est complétement vaporisée.

La quantité totale d'eau contenue dans l'appareil est suffisante pour assurer sa marche régulière ; celle qui est contenue dans chaque élément est assez faible pour que l'explosion de l'un d'eux, qui n'entraînerait très-probablement pas celle des éléments voisins, ne donne lieu qu'à des effets de projection médiocres.

146. — Le générateur Hédiard et Joly, à raison de sa faible capacité et du grand développement de la surface de chauffe, permet à la pression de s'élever rapidement, et c'est là le motif qui l'a fait comprendre dans le groupe des générateurs à production rapide ; mais les éléments dont il se compose, beaucoup moins resserrés que dans celui de Belleville, exigent un plus grand emplacement et un fourneau en maçonnerie plus important. Dans la plupart des cas, et malgré sa complication plus grande, le générateur Belleville est préféré.

147. — (Fig. **124.**) Un générateur qui présente avec les précédents une certaine analogie, en ce sens qu'il se compose d'un grand nombre de parties d'une très-faible capacité, groupées les unes à côté des autres, et communiquant par leurs extrémités supérieure et inférieure avec des tuyaux communs d'alimentation de prise de vapeur, mais qui contraste avec tous les types précédemment étudiés par la nature du métal employé et par la forme géométrique des parties élémentaires, c'est le générateur américain de M. Harrisson.

Il se compose de pots sphériques en fonte de fer de quatre litres environ de capacité, accolés les uns aux autres, venus à la fonte par groupes de deux ou de quatre, et enfilés dans des tirants dont les extrémités filetées et munies d'écrous permettent de les maintenir solidement assemblés. Les joints d'assemblage à feuillures sont facilement rendus étanches au moyen d'une garniture métallique. Les files ainsi formées sont obliques, mais parallèles entre elles ; toutes celles d'une même tranche verticale et longitudinale sont solidaires, par ce fait que les groupes de sphères qui composent une file sont disposés de manière à avoir des parties communes avec les files contiguës.

Installé dans un fourneau en maçonnerie, le générateur qui résulte de cette collection de sphères est aux deux tiers rempli d'eau ; l'espace restant forme le réservoir de vapeur.

La forme sphérique des parties élémentaires de cette chaudière les rend capables d'une très-grande résistance à la pression intérieure ; mais cette forme ne peut être adoptée qu'avec la fonte ; celle employée par M. Harrisson a des qualités spéciales : une ténacité très-grande et la propriété de supporter sans se rompre des variations brusques et extrêmes de température.

Des expériences faites dans diverses localités, il résulte que ces appareils peuvent résister jusqu'à une centaine d'atmosphères, et que la quantité d'eau, évaporée par kilogramme de charbon brûlé, varie entre $6^k,5$ et 8^k. L'intérieur de la chaudière n'est pas accessible ; son nettoyage n'exige pas qu'il le soit. En vidant la chaudière à chaud, la contraction que ses parois éprouvent par le refroidissement suffit pour que le tartre adhérent se détache en écailles et s'écoule par la partie inférieure des éléments. La déclivité des files et leur disposition permet d'expulser complétement les matières incrustantes.

BOUILLEURS A CIRCULATION DE PERKINS (fig. **125**).

148. —Dès l'année 1831, M. Jacob Perkins, ingénieur anglais, signala et fit breveter une disposition de bouilleurs à circulation dont le principe repose sur cette donnée théorique que la quantité de chaleur qui traverse une paroi est proportionnelle à la différence de température des deux faces de cette paroi. Rendre cette différence la plus grande possible est, dans cet ordre d'idées, un moyen d'augmenter l'efficacité de la surface de chauffe, qui permet d'obtenir une puissance de vaporisation, donnée avec un développement de paroi moindre que dans les conditions ordinaires. Pour atteindre ce but, Perkins imagina de faire circuler l'eau contre la surface de chauffe, de manière à ce que la partie du liquide la plus échauffée fût sans cesse et rapidement remplacée par celle qui l'est moins.

A cet effet, il munit diverses chaudières de bouilleurs verticaux, fixés seulement par leur partie supérieure; un tube ouvert à ses deux extrémités, et suspendu à l'intérieur de ce bouilleur, divise sa capacité en deux compartiments, l'un, C, central, cylindrique, l'autre, A, annulaire et assez étroit. Exposée à l'action directe du foyer, l'eau de l'espace annulaire s'échauffe rapidement, sans que la chaleur puisse se communiquer à l'eau contenue dans le tube intérieur. En vertu de la différence de pesanteur spécifique qui résulte de la différence de température, l'eau de l'espace annulaire s'élève et est remplacée par celle du tube central. Il s'établit donc un courant ou une circulation qui prend une vitesse très-grande, lorsque la masse d'eau, suffisamment échauffée dans la chaudière, permet à la vapeur de se former en proportion notable dans l'espace annulaire. Cependant, malgré l'insistance de l'inventeur et malgré le bien fondé de ses prévisions, cette découverte n'eut pas le succès auquel elle avait droit. La circulation ne s'effectuait-elle pas dans les conditions où l'idée avait été réalisée? Les circonstances n'étaient-elles pas favorables à ce qu'elle fût appréciée comme elle ' devait l'être plus tard? Toujours est-il vrai que, jusqu'en 1866, elle ne fut pas appliquée. C'est à cette dernière époque que la découverte de Perkins, reprise et modifiée par M. Field, ingénieur anglais, fit de nouveau son apparition et qu'elle fut accueillie avec faveur.

149. — (Fig. 126.) La modification apportée par M. Field à la disposition de Perkins a pour but d'assurer la rentrée de l'eau à l'intérieur du tube central, malgré l'ascension de la gerbe de vapeur qui s'échappe de l'orifice annulaire supérieur, laquelle paraît, en effet, pouvoir s'opposer au remplissage continu du tube central, et donner ainsi lieu à des intermittences d'alimentation contraires au but qu'on se propose. Quoi qu'il en soit, dans le système dont il s'agit, l'extrémité supérieure du tube intérieur est munie d'un appendice D qui oblige la nappe annulaire de vapeur à prendre une direction divergente, de telle sorte que l'eau qui surmonte le tube intérieur puisse s'introduire sans difficulté.

Cet appendice, auquel l'inventeur a donné le nom de *déflecteur*, peut présenter des formes variées; celle d'un cône renversé en entonnoir a été préférée. Deux ailettes extérieures servent à soutenir le tube intérieur sur les bords du bouilleur, et l'agitation produite par le courant tumultueux qui a lieu dans l'appareil ramène sans cesse le tube intérieur dans sa position normale après qu'il en a été écarté.

150. — On conçoit qu'un plus ou moins grand nombre de ces bouilleurs puissent être adaptés, soit au ciel d'un foyer, soit à la paroi supérieure d'un conduit de flamme intérieur, soit à tout autre système de chaudière présentant des parois chauffées, planes et horizontales, et qu'il résulte de l'adjonction de ces bouilleurs une grande augmentation de la puissance de vaporisation.

Il est évident aussi que, dans ces conditions, l'appareil en question ne constitue pas à lui seul un système de chaudière, mais bien une modification et un perfectionnement importants, applicables à

quelques types déjà connus et favorablement disposés pour le recevoir.

151. — (Fig. **127**.) La chaudière n° **127** verticale et à foyer intérieur est un exemple, entre beaucoup d'autres, de l'application
dont il s'agit.

152. — Le nettoyage des bouilleurs de Perkins serait à peu près
impraticable ; mais l'expérience a montré qu'il n'est pas nécessaire.
La circulation de l'eau y est tellement rapide, qu'aucun dépôt ni incrustation ne peuvent s'y former en marche, quand l'intervalle qui
existe entre le bas des deux tubes est convenablement réglé. Dans le
cas où il s'en est produit pendant le repos, ils sont emportés pendant
le travail suivant. Il n'en est pas de même des autres parties de la
chaudière, qui doivent être susceptibles d'être nettoyées.

DISPOSITIONS DIVERSES DU BOUILLEUR PERKINS.

153. — Les droits assez forts prélevés par M. Field pour l'application de son système n'ont pas tardé à lui susciter, sinon des con-
currents, du moins des imitateurs, désireux de bénéficier de l'idée
de Perkins, tombée dans le domaine public, sans être obligés à
payer une redevance. Il suffisait d'assurer la circulation, en évitant
d'employer les organes déflecteurs brevetés, et les solutions nombreuses imaginées depuis lors établissent que le problème était assez
facile. Ces diverses solutions, brevetées elles-mêmes, et constituant
autant de propriétés particulières, la question reste toujours à ré-
soudre pour les nouveaux venus. C'est à cet état de choses qu'il faut
attribuer la multiplicité des dispositifs adoptés et appliqués à l'heure
qu'il est, bien que, dans le nombre, il y en ait dont le mérite doive
plus tard exclure les autres. .

154. — Un constructeur de Liége a imaginé de relier le tube cen-

tral à une virole supérieure mobile par un tube transversal formant T avec le précédent. (Voir fig. **128**.)

La virole, évidée vis-à-vis les extrémités du tube transversal, conduit la vapeur jusqu'à un niveau supérieur à celui des orifices latéraux par lesquels l'eau pénètre sans obstacle à l'intérieur du tube central. Dans ce système, la vapeur, loin d'être déviée de la direction verticale, est tenue de conserver cette direction, et le reproche de contrefaçon ne peut assurément pas être soulevé.

(Fig. **129**.) Le même principe a été réalisé d'une manière plus simple, comme le montre la figure **129**. Ici le bouilleur dépasse d'une certaine quantité en hauteur la plaque à laquelle il est fixé ; le tube central, simplement recourbé, débouche en un point quelconque de la paroi cylindrique extérieure, et la vapeur qui contourne en se dégageant le coude du tube central ne peut, pas plus que dans la disposition précédente, s'opposer à la rentrée de l'eau.

(Fig. **130**.) En assujettissant le tube central à garder une position oblique à l'intérieur du bouilleur, un constructeur a pensé que le remplissage de ce bouilleur pourrait s'effectuer d'une manière convenable sans aucune autre modification. L'expérience n'en paraît pas avoir été faite ; mais il est probable qu'elle eût donné un résultat satisfaisant. La vapeur engendrée, ne pouvant s'écouler que par l'espace en forme de croissant compris entre les deux cercles supérieurs tangents par un de leur bord, ne semble pas devoir s'opposer au retour de l'eau du côté où ces bords sont en contact. Quant à la vapeur formée dans l'espace situé au-dessous du tube central, elle peut évidemment se dégager en contournant ce tube.

155. — (Fig. **131**.) M. A. Girard, constructeur à Paris, a pensé, de son côté, que la force vive du courant de vapeur sortant des orifices annulaires était assez faible ; qu'elle devait être rapidement absorbée par l'agitation de la masse d'eau qui surmonte

les orifices des bouilleurs, et que, par conséquent, si le tube central était suffisamment élevé au-dessus du niveau de ces orifices, l'alimentation aurait des chances de se faire dans des conditions convenables. Une expérience pratiquée avec un récipient de cristal lui donna la certitude qu'il ne s'était pas trompé. Une surélévation de 10 à 12 centimètres suffit en effet pour que l'orifice central fonctionne parfaitement. Cette disposition permet, en conséquence, d'employer des tubes intérieurs simplement coupés de longueur ; une broche coudée traversant le tube selon son diamètre et s'appuyant sur les bords du bouilleur sert de suspension.

Toute cette partie de la disposition est d'une fabrication remarquablement économique.

156. — (Fig. **132** et **133**.) M. Guibert, ingénieur des forges de l'Horme, applique à la partie supérieure du tube central un ou deux coudes renversés formant autant de siphons. Ces siphons sont toujours amorcés, puisque le niveau de l'eau dans la chaudière est plus élevé que leur partie supérieure. Comme ils n'obstruent qu'une partie de l'orifice annulaire, le dégagement de la vapeur n'est pas intercepté.

Il y a lieu de remarquer que l'espace occupé par la partie extérieure du siphon ne permet pas de rapprocher les bouilleurs les uns des autres autant que les dispositions précédentes, et que, en conséquence, le nombre de ces organes est moindre pour une même superficie de la paroi qui en est munie.

157. — (Fig. **134**.) La disposition de chaudière, figure **134**, consiste en un corps cylindrique vertical à fonds plats, maintenus par des tirants. Le fond inférieur supporte un grand nombre de bouilleurs de Perkins. Ce corps cylindrique est engagé et fixé à l'intérieur de la boîte à fumée d'une chaudière verticale formée de viroles concentriques dans toute sa hauteur et surmontée d'une cheminée ; des ouvertures percées dans le corps intérieur et dans la double paroi de la chaudière permettent le nettoyage de la partie supérieure

de l'appareil, qui porte d'ailleurs les ouvertures ordinaires à sa partie inférieure.

La disposition dont il s'agit ne comporte pas de réservoir de vapeur spécial; elle ne peut, en conséquence, admettre de l'eau au-dessus des parties les plus élevées en contact avec les gaz chauds comme le prescrit le règlement. Cette circonstance est de nature à susciter de sérieuses difficultés pour l'application de ce système.

158. — (Fig **135**.) Au lieu de placer un tube à l'intérieur du bouilleur, un autre inventeur s'est borné à diviser sa capacité en deux compartiments inégaux au moyen d'une cloison courbe en plan horizontal. Soumis à la même action calorifique, les deux volumes d'eau inégaux, séparés par la cloison intérieure, prennent une température différente qui détermine la circulation. La vapeur s'échappe en conséquence par la partie de l'orifice du bouilleur qui affecte la forme d'un croissant, tandis que l'eau s'introduit par l'autre portion.

159. — (Fig. **136**.) M. Thirion, mécanicien à Paris, remplace le bouilleur simple de Perkins par un bouilleur double recourbé en U et se dispense d'y ajouter le tube central qui accompagne les systèmes précédents. La circulation qui se produit dans un sens quelconque à l'intérieur de ces bouilleurs est le résultat de l'inégal échauffement des deux branches qui se produit inévitablement dans la pratique. Toutefois, cette inégalité ne pouvant être considérable, et étant susceptible de changer de sens, il ne paraît pas douteux que la circulation doive être beaucoup plus lente et plus irrégulière dans ces bouilleurs que dans ceux de Perkins. Des essais comparatifs pourraient établir quel système est le plus avantageux; il appartient aussi à l'expérience de faire connaître si la vitesse du courant est capable de prévenir les incrustations; malheureusement, nous n'avons pas eu l'occasion de connaître, à Paris, un établissement où fût installée une chaudière du système dont il s'agit.

160. — (Fig. **137**.) Les bouilleurs de Perkins ont encore été dis-

posés par un autre constructeur de Paris, de manière à ce que la circulation rapide s'y effectuât sans l'emploi des dispositifs déjà décrits. A cet effet, les tubes intérieurs, au lieu d'être munis d'un accessoire quelconque, sont fixés, par leur extrémité supérieure, à une cloison horizontale, sorte de plaque tubulaire qui partage la capacité supérieure de la chaudière en deux compartiments. Cette cloison, située au-dessous du niveau de l'eau, repose sur une cornière rivée à l'intérieur du prolongement de l'enveloppe du foyer. Les orifices annulaires qui débitent la vapeur formée dans les bouilleurs sont situés au-dessous d'elle, et la vapeur, pour se rendre dans le réservoir, ne trouve d'autre passage que les espaces vides ménagés sur sa circonférence. L'agitation de l'eau ne se communiquant pas sensiblement à la portion de ce liquide situé au-dessus de la cloison, l'alimentation des bouilleurs se trouve par là complétement assurée.

161. — (Fig. **138**.) Le générateur de M. Howard, très-apprécié en Angleterre, se compose comme les générateurs décrits sous les n°ˢ **113, 114** et **115** d'un certain nombre d'éléments de faible capacité, accolés les uns aux autres dans un fourneau. Ces éléments sont formés de bouilleurs verticaux, assemblés avec un bouilleur horizontal inférieur servant de collecteur. Chacun des bouilleurs verticaux communique en outre par sa partie supérieure avec un tuyau horizontal, parallèle au bouilleur inférieur. Ce tuyau fonctionne également comme collecteur et conduit les produits de la vaporisation à un autre tuyau de plus grand diamètre, commun à tous les éléments, sur lequel se fait la prise de vapeur.

Les bouilleurs verticaux dont il vient d'être question diffèrent des bouilleurs ordinaires, en ce qu'ils contiennent le tube central, indiqué par Perkins, pour activer le renouvellement de l'eau contre les parois chauffées. Leur surface présentant un plus grand pouvoir absorbant pour la chaleur possède, par conséquent, une plus grande puissance de vaporisation.

Le tube central est percé, dans sa partie supérieure, d'ouvertures relativement longues, pratiquées latéralement, par lesquelles la rentrée de l'eau s'effectue malgré l'ascension rapide de la vapeur.

La chambre de chauffe est divisée en deux parties par une cloison horizontale métallique, située vers le milieu de la hauteur des bouilleurs verticaux. Cette cloison est évidée pour le passage des bouilleurs verticaux, et la flamme, après avoir franchi le dessous des bouilleurs collecteurs, parcourt successivement les deux compartiments en question, avant de se rendre dans le conduit qui la dirige vers la cheminée. Ces conditions de chauffage doivent être très-économiques.

La division de la chaudière en un grand nombre de parties élémentaires réduit beaucoup l'importance que pourrait avoir une explosion de l'appareil, dont la capacité totale est faible; elle diminue en même temps, dans une très-grande mesure, les chances d'accident, la résistance que présentent les corps cylindriques de petit diamètre, même sous une faible épaisseur de métal, étant très-grande.

CHAUDIÈRES DIVERSES

XI

Note sur les chaudières comprises sous la désignation de Chaudières diverses.

162. — Pour éviter de multiplier les désignations spécifiques presque autant que les types, on a cru devoir comprendre dans une catégorie unique, indéterminée, un certain nombre de chaudières qui présentent à la fois plusieurs des conditions caractérisques qui ont servi à classer les systèmes précédents. Les appareils dont il s'agit constituent moins des créations orginales que des combinaisons plus ou moins ingénieuses d'organes connus, dont l'étude est implicitement contenue dans les notes précédentes. A la rigueur, de nouveaux développements pourraient sembler superflus. Cependant, comme dans la pratique il suffit souvent d'une modification de détail pour transformer les qualités d'un appareil, on n'a pas craint d'entrer à l'occasion dans des explications particulières

aussi restreintes d'ailleurs que possible. Quant aux propriétés générales qui sont évidemment les résultantes faciles à déduire des propriétés spéciales aux organes employés dans la composition de chaque type, on en a supprimé la répétition.

163. — (Fig. **139** et **140**). Les chaudières nᵒˢ **139** et **140** consistent chacune en un corps cylindrique horizontal contenant un conduit intérieur fermé à sa partie postérieure. Ce conduit, à l'avant duquel est placée une grille, est mis en communication avec une cheminée par deux couvertures O O, pratiquées, l'une à sa partie supérieure, l'autre dans le cylindre-enveloppe (fig. **139**) ou dans le fond du dôme (fig. **140**). Ces deux ouvertures sont réunies par une virole rivée de petit diamètre qui forme le tronçon inférieur de la cheminée.

Des bouilleurs analogues à ceux employés dans les chaudières verticales augmentent la surface de chauffe.

La paroi cylindrique extérieure peut être percée d'ouvertures dans les parties correspondant aux extrémités des bouilleurs ; mais l'espace inférieur compris entre cette paroi et le foyer où le tartre tend à s'accumuler est bien difficilement nettoyable.

164. — (Fig. **141** et **142**). Les bouilleurs intérieurs de petit diamètre que l'on a vu appliqués dans les chaudières verticales de MM. Leleu et Clavier, Fouché et autres (nᵒˢ **94** à **97**), l'ont été également à des chaudières horizontales. (Fig. nᵒˢ **141** et **142**.)

La première de ces chaudières consiste en une boîte à fumée cylindrique horizontale dont les fonds sont plats et portent les extrémités des bouilleurs. Cette boîte à fumée est en communication, d'une part, avec un corps cylindrique vertical situé au-dessous d'elle, dans lequel on brûle du combustible, et d'autre part avec une cheminée par l'intermédiaire de deux tubulures. Ces tubulures traversent la paroi supérieure d'une enveloppe cylindrique qui embrasse le tout. Les fonds plats de cette enveloppe sont maintenus par quatre tirants ; des ouvertures fermées par des tampons autoclaves permettent le nettoyage facile et complet de l'appareil, dont la surface de chauffe est relativement développée.

165. — (Fig. **142**.). Une disposition analogue à la précédente constitue la chaudière n° **142**. Mais dans celle-ci, les plaques de support et les bouilleurs sont inclinés de manière à faciliter l'écoulement de la vapeur, circonstance favorable à la conservation des bouilleurs qui brûlent facilement lorsque des chambres de vapeur peuvent s'y former. Le foyer et son enveloppe composés de faces planes et entretoisées sont situés à l'une des extrémités de la boîte à fumée, tandis que l'amorce de la cheminée est à l'extrémité opposée ; de telle sorte que les gaz chauds parcourent le faisceau de bouilleurs dans toute sa longueur, avant de s'échapper de l'appareil.

Le nettoyage de l'intérieur des bouilleurs peut facilement s'effectuer par les ouvertures ménagées dans les faces planes qui terminent la chaudière. On n'en peut pas dire autant des parois du foyer, malgré les ouvertures qui existent au bas de l'enveloppe ; mais ce défaut se rencontre, on l'a vu déjà, dans certaines chaudières locomotives ou locomobiles avec lesquelles l'appareil dont il s'agit en ce moment offre une grande ressemblance extérieure (n° 54).

166. — (Fig. **143** et **144**.) Les chaudières n°ˢ **143** et **144** à foyer et carneaux extérieurs comportent un corps cylindrique ordinaire en communication avec des caisses rectangulaires placées au-dessous. Les parois verticales de ces caisses sont percées, à l'instar des plaques dites tubulaires, d'un grand nombre de trous alésés dans lesquels sont fixés un même nombre de bouilleurs horizontaux de très-petit diamètre.

Une ouverture de trou d'homme placée au sommet du dôme permet de nettoyer le corps cylindrique supérieur.

167. — (Fig. **143**). Les caisses de la chaudière n° **143** sont munies d'ouvertures de nettoyage pratiquées dans les fonds verticaux extérieurs, lesquels sont fixés aux parties correspondantes par

des boulons. Ces fonds étant démontés, on peut faire et défaire les joints mobiles des bouilleurs qui sont également démontables. Cette disposition permet de faire le nettoyage des bouilleurs en dehors de l'appareil et à loisir, sans qu'il en résulte un chômage appréciable lorsqu'on dispose d'un jeu de bouilleurs de rechange.

Les pièces qui composent les joints mobiles sont analogues à celles qui maintiennent les tubes en verre dans les appareils indicateurs du niveau de l'eau. Deux viroles, dont l'une, celle intérieure, est fixée à vis dans chaque orifice des plaques tubulaires, fonctionnent comme les boîtes à étoupes. La virole extérieure mobile, se vissant sur celle intérieure, comprime des rondelles en caoutchouc, comprises entre l'extérieur du bouilleur et la virole intérieure. Les joints ainsi faits séjournant dans l'eau de la chaudière, n'atteignent pas une température assez élevée pour que le caoutchouc se fonde, et les pièces de l'assemblage établies en bronze ne s'oxydant pas, elles peuvent conserver la faculté de se démonter.

168. — (Fig. 144.) Dans la chaudière n° 144, les bouilleurs sont rivés avec les plaques tubulaires. La faculté de démontage n'existe pas ; mais on évite par là la dépense élevée que représentent les assemblages dont il a été question au numéro précédent.

Le nettoyage des bouilleurs se fait en place, après que les joints mobiles qui fixent les fonds extérieurs des caisses extrêmes et celui du trou d'homme de la caisse du milieu ont été défaits.

169. — (Fig. 145.) La figure n° 145 représente une chaudière de MM. Farcot, dont les principales parties ont été décrites note 82. Dans la chaudière dont il s'agit, le conduit intérieur ne contient pas de faisceau tubulaire, mais un grand nombre de bouilleurs de petit diamètre. La disposition remarquable qu'ils présentent a été brevetée par M. Duveau, contre-maître en chaudronnerie de MM. Farcot. Elle donne lieu à l'existence de deux espèces de cloisons hélicoïdales ou de vis d'Archimède à l'intérieur du conduit de flamme, qui développent la surface de chauffe dans une grande

mesure, sans créer de résistance au tirage. La position généralement oblique des bouilleurs facilite le dégagement rapide de la vapeur, et occasionne sans doute une véritable circulation de l'eau à leur intérieur; enfin, ces bouilleurs consolident le conduit intérieur. Quant au nettoyage, il est assuré, ainsi qu'on l'a vu dans la note 82, déjà citée, par le démontage du conduit intérieur.

170. — (Fig. **146** à **148**.) Les chaudières portant les nᵒˢ **146** à **148** sont formées d'un foyer à l'arrière duquel se trouve un conduit cylindrique qui mène les gaz de la combustion jusqu'à une boîte à fumée intérieure. Un faisceau tubulaire, formant retour de flamme, ramène ces gaz à l'avant dans une boîte à fumée rapportée sur laquelle est établie la cheminée. Un ou plusieurs bouilleurs horizontaux, fig. **146, 147**, des bouilleurs verticaux, fig. **148**, augmentent sa surface de chauffe. L'appareil est complété par une enveloppe générale qui contient l'eau à vaporiser et la vapeur.

Le bouilleur unique de la chaudière nᵒ **146** n'est fixé que par son extrémité postérieure; son poids, augmenté du celui de l'eau qu'il contient, doit fatiguer les assemblages qui le soutiennent. Le même inconvénient n'existe pas pour les bouilleurs horizontaux de la chaudière nᵒ **147**; leur extrémité libre est soutenue au moyen de cales.

La grande longueur et la position horizontale des bouilleurs dont il s'agit paraissent devoir donner lieu à la formation de chambres de vapeur.

Les chaudières nᵒˢ **146** et **147** peuvent être nettoyées lorsque le fond postérieur de l'enveloppe fixé au moyen de boulons est démonté. Il ne paraît pas en être de même de la chaudière nᵒ **148**.

171. — (Fig. **149**.) La chaudière nᵒ **149** (planche **69**) est le résultat de la combinaison d'une chaudière tubulaire ordinaire avec une chaudière verticale. La surface de chauffe y est très-développée sous un faible volume; mais les inconvénients particuliers au système tubulaire n'y sont l'objet d'aucun palliatif.

172. — (Fig. **150**.) La chaudière n° **150** appartient par ses dispositions générales au type tubulaire à retour de flamme, qui a été étudié dans une note précédente. Elle n'en diffère que par l'application des bouilleurs de Perkins modifiés par M. Field, qui sont appendus au ciel de la boîte à fumée, auquel on a donné une forme plane. (Voir *Bouilleurs de Perkins et leurs modifications, note sur les chaudières à production rapide.*)

173. — (Fig. **151**.) La chaudière verticale représentée n° **151** contient un foyer intérieur de forme conique, qui débouche à sa partie supérieure dans une boîte à fumée, au ciel de laquelle sont fixés les bouilleurs de Perkins modifiés par M. Field; le foyer occupe une position excentrique dans l'appareil; un certain nombre de tubes verticaux, logés dans la partie la plus large de l'espace annulaire compris entre lui et l'enveloppe, ramènent la fumée vers le bas du générateur.

Un joint boulonné réunit entre elles les deux portions de l'enveloppe; celle supérieure étant enlevée, on peut facilement procéder au nettoyage.

174. — (Fig. **152**.) La chaudière verticale tubulaire n° **152** comporte des organes intérieurs imaginés par M. Zambeaux : l'un A pour éviter que la partie supérieure des tubes ne soit chauffée sans être mouillée ; l'autre B pour assurer la séparation de l'eau entraînée pendant l'ébullition. Ces accessoires consistent en cloisons cylindriques, qui séparent les espaces occupés par l'eau et par la vapeur en deux capacités distinctes, quoique communiquant librement entre elles.

L'eau à vaporiser se répartit d'elle-même à l'intérieur et à l'extérieur de la cloison A. Lorsque la chaleur est transmise par les parois du foyer et par les tubes, la température de l'eau s'élève inégalement dans les deux capacités. Des deux colonnes d'eau d'inégale densité qui en résultent, celle intérieure, la plus légère, s'élève cédant la place à celle extérieure plus froide, qui lui succède en entrant par le bas de la cloison. Une véritable circulation s'effectue ainsi dans l'appareil, surtout lorsque la vapeur se formant en abondance ne peut plus s'écouler de l'espace intérieur dont la section est assez restreinte, sans projeter l'eau avec elle jusqu'au sommet de l'appareil.

L'eau, ainsi projetée, maintient bien la partie supérieure des tubes mouillée selon le vœu de l'inventeur; mais cet effet n'a lieu que pendant la marche. Quant à la séparation de l'eau, elle résulte du changement de direction imposée au mélange d'eau et de vapeur par la cloison B; l'eau se précipite vers le bas en vertu de la vitesse acquise et de sa plus grande masse; la vapeur s'en sépare et s'engage dans les conduites.

175. — (Fig. **153.**) La chaudière **153**, brevetée par MM. Riot et Roux, présente une disposition analogue à celle de la fig. **137**. La plaque B, qui porte les tubes centraux des bouilleurs Perkins appendus au ciel du foyer, repose sur une cloison cylindrique, et oblige l'eau en contact avec le foyer à circuler rapidement contre ses parois, comme dans la chaudière précédente de Zambeaux. Le mélange d'eau et de vapeur résultant de l'ébullition violente qui a lieu entre le foyer, la cloison et la plaque qui la surmonte, se rend par un conduit G dans un récipient intérieur C. L'eau est rabattue par un chapeau H, tandis que la vapeur s'échappe par le couvercle du récipient percé de trous.

Le trop plein du récipient s'écoule par un orifice H.

Le calme dont jouit l'eau contenue dans le récipient est favorable à la précipitation du tartre dans cette partie de la chaudière qui n'est pas chauffée, et d'où on peut l'extraire sans pression au moyen du tuyau K muni d'un robinet.

Les gaz chauds se rendent du foyer B au conduit de cheminée P, en franchissant une cloison E montée en briques réfractaires.

176. — (Fig. **154.**) M. Pisther, mécanicien à Paris, a imaginé une chaudière représentée fig. n° **154**, dont la partie originale consiste dans des organes qui fonctionnent à la fois comme tubes et comme bouilleurs. A cet effet, l'inventeur a introduit des tubes dans des bouilleurs verticaux de petit diamètre, et par ce moyen il double presque la surface de chauffe, tout en réduisant la capacité. Les tubes sont fixés, d'une part, au ciel C d'un foyer vertical, et de l'autre, à la plaque inférieure P d'une boîte à fumée située vers le sommet de l'appareil. Ces tubes, au lieu d'être enfermés dans une enveloppe unique contenant de l'eau, comme cela a lieu dans le système tubulaire, ne font que traverser les rudiments R R de cette enveloppe, lesquels sont terminés à peu de distance des plaques tubulaires par des fonds plats F F évidés pour leur passage.

Les orifices de passage dont il s'agit sont notablement plus grands que les tubes qui les traversent, de telle sorte qu'ils peuvent recevoir les extrémités de bouilleurs B, à l'intérieur desquels ces tubes se trouvent logés. Un espace annulaire A reste disponible pour l'introduction de l'eau, et cet espace établit la communication entre la capacité qui entoure le foyer et celle qui communique avec le dôme de vapeur.

Les gaz de la combustion sont ramenés par des tubes recourbés T de la boîte à fumée supérieure, dont il a été question plus haut, à l'intérieur d'une chemise E, qui enveloppe l'ensemble des bouilleurs et qui forme une seconde boîte à fumée, au bas de laquelle la cheminée prend naissance. Dans ces conditions, l'extérieur des bouilleurs reçoit le contact des gaz chauds avant leur départ; c'est ainsi que se trouve atteint le but de l'inventeur.

La vaporisation rapide qui doit se produire dans les espaces annulaires des bouilleurs est une circonstance de nature à empêcher les incrustations de s'y former. Pendant le repos, les dépôts en suspension dans le liquide viennent s'appliquer sur le ciel du foyer et dans l'espace annulaire qui l'entoure; mais des ouvertures pratiquées dans l'enveveloppe à une hauteur convenable permettent de les extraire.

Bien que la chaudière de M. Pisther n'ait pas encore été expérimentée, il ne semble pas douteux qu'elle doive donner de bons résultats au point de vue de l'économie du combustible.

177. — (Fig. **155**.) La partie supérieure S de la chaudière n° **155** peut être distinguée par la pensée, bien qu'il n'y ait pas de séparation réelle, de la partie inférieure. Dans cette hypothèse, elle constitue un réservoir d'eau et de vapeur dont le fond est muni de bouilleurs système Perkins modifié, qui s'engagent dans autant de tubes appartenant à la partie inférieure de l'appareil. Cette dernière, outre le faisceau tubulaire dont il vient d'être question, comprend un foyer intérieur F, entouré de petits bouilleurs ordinaires B B, et un fond inférieur à double paroi contenant de l'eau.

La surface de chauffe, considérablement augmentée par cette disposition, ne paraît cependant pas susceptible de donner les résultats qu'on en a dû attendre. Il semble, en effet, que l'on ait omis de tenir compte de cette condition qu'elle ne peut produire que proportionnellement à la quantité de chaleur qu'elle reçoit, car la combustion d'une certaine quantité de combustible exigeant le passage à travers la grille d'un volume d'air déterminé, il est indispensable que les conduits de fumée présentent une section d'écoulement capable de le débiter. Déjà les chaudières tubulaires ne suffisent qu'à peine à ce débit, et, dans la majeure partie des cas, un tirage artificiel est nécessaire à leur fonctionnement. On a donc été mal inspiré en obstruant les tubes de l'appareil en question, et le but qu'on s'est proposé de concentrer une grande surface de chauffe dans un petit espace semble beaucoup mieux atteint par la disposition inverse de M. Pisther. (Voir *Chaudière* n° **154**.)

Rien n'indique qu'il ait été adopté des moyens efficaces pour l'enlèvement du tartre qui peut se former autour du faisceau tubulaire et dans les petits bouilleurs ordinaires qui pendent autour du foyer.

178. — (Fig. **156**.) La disposition représentée figure **152** consiste dans une chaudière verticale à foyer central, surmonté d'une che-

minée. Un double serpentin, ayant son origine vers la partie inférieure et latérale du foyer, et débouchant dans le ciel du même
organe, tient lieu de bouilleurs et développe une surface de chauffe
étendue. L'eau doit y circuler pendant la vaporisation; mais il n'est
pas démontré que des incrustations ne puissent s'y déposer néanmoins; dans ce cas, l'appareil serait promptement hors de service.

179. — (Fig. 157.) La chaudière n° 157 a été présentée par son
inventeur, M. Félix, constructeur à Paris, comme possédant des
qualités exceptionnelles, qui ne dépendent pas tant de ses dispositions générales que de la théorie dont elle serait l'application.

Il est notoire, en effet, que, dans les appareils évaporatoires
chauffés par de la vapeur circulant dans des serpentins immergés,
d'où l'air peut être expulsé complétement, et assez peu étendus pour
que la vapeur qui s'y condense ne les remplisse pas d'eau chaude,
la transmission de la chaleur est telle, que la quantité d'eau évaporée
peut s'élever jusqu'à 9 kilogrammes par mètre carré de surface du
serpentin et par degré de différence entre la température de la
vapeur et celle du liquide à vaporiser.

Partant de ce fait, l'inventeur accouple deux chaudières à capacités
distinctes, de telle façon que la surface de chauffe de l'une, concentrée
dans un petit espace, soit plongée dans le réservoir de vapeur de l'autre. Dans l'espèce, il dispose un réservoir d'eau et de vapeur, muni
à sa base d'un grand nombre de bouilleurs de Perkins modifiés, au
sommet de l'enveloppe du foyer d'une chaudière tubulaire de forme
locomobile. Il importe de bien noter que les deux chaudières ainsi
réunies, et remplies d'eau à un niveau convenable, n'ont entre elles
aucune communication. Les choses étant en cet état, la chaudière
inférieure pourra être chauffée jusqu'à ce que la vapeur qui s'y
forme sans se dépenser atteigne une pression de 7 atmosphères,
par exemple.

En même temps, le contact des bouilleurs de la chaudière supérieure, continuellement refroidis par la circulation de l'eau qui s'y
opère, déterminera la condensation de la vapeur contenue dans le

réservoir de la chaudière inférieure; la température s'élèvera dans l'appareil supérieur jusqu'à ce que la vapeur qui s'y forme atteigne une force élastique voisine de sept atmosphères; alors seulement la transmission de chaleur cessera. Mais comme la vapeur de la seconde chaudière doit être incessamment dépensée, l'équilibre de température ne pourra pas s'établir pendant la marche, et la communication de chaleur continuera dans la proportion correspondante à l'écart des températures.

Si l'on suppose, pour fixer les idées, que l'appareil supérieur fonctionne à cinq atmosphères, pendant que le générateur en contact avec la flamme est soumis à une pression de sept atmosphères, la différence des températures sera 163° — 151°, soit 12°, et chaque mètre carré de la surface de chauffe en contact avec la vapeur pourra vaporiser $12 \times 9^{\text{kil.}} = 108^{\text{kil.}}$ à l'heure, soit cinq fois autant qu'un mètre carré de surface de chauffe placé dans des conditions ordinaires. En abandonnant, comme le fait l'auteur de la chaudière en question, une grande partie du bénéfice que procure ce chiffre, il serait encore possible de concentrer une surface de chauffe à vapeur, qui pût correspondre à celle qui est en contact avec les gaz chauds dans un appareil disposé pour cette fin.

Voici, dans l'opinion de l'inventeur, les avantages qui compensent la complication et le prix élevé de cette double chaudière :

La vapeur engendrée dans la chaudière inférieure n'étant pas dépensée, l'eau n'a pas besoin d'y être renouvelée. En conséquence, on n'a pas à craindre les abaissements du niveau de l'eau, ni les explosions qui en peuvent être la suite. Cette chaudière, ne pouvant pas s'incruster, conserve indéfiniment, sans aucun nettoyage, nonseulement sa puissance de vaporisation primitive, mais encore le bon état de ses parois qui ne sont pas exposées à brûler comme celles recouvertes de tartre; enfin, la condition du nettoyage n'ayant pas de raison d'être dans cette partie de l'appareil, il est loisible d'employer pour son établissement telles dispositions qui doivent être écartées des autres générateurs, à cause de cette sujétion.

Il n'en est pas tout à fait de même de la chaudière supérieure, dans laquelle l'eau se renouvelle ; elle doit être fréquemment nettoyée, sous peine de voir l'efficacité de sa surface de chauffe décroître rapidement. Toutefois, les négligences à cet égard ne peuvent avoir aucune conséquence grave, autre que l'impossibilité de suffire aux besoins de la vaporisation. Les incrustations et l'abaissement du niveau de l'eau ne peuvent donner lieu à aucune espèce d'accident, les parois formant la surface de chauffe étant toujours à une température très-basse, comparativement à celle qu'elles peuvent prendre dans les mêmes circonstances avec les appareils ordinaires.

Il est fâcheux que l'hypothèse sur laquelle se fonde la chaudière qui vient d'être étudiée n'ait pas été vérifiée par celui qui l'a faite. L'assimilation des conditions de la surface de chauffe à bain de vapeur avec celles de la surface d'un serpentin est en effet purement hypothétique, et il n'est pas difficile de signaler des différences qui font douter de sa légitimité. Dans un serpentin, en effet, la vapeur circule, et l'eau de condensation, qui en est expulsée, n'est pas susceptible d'être vaporisée de nouveau par l'effet de la température ambiante. Dans le bain de vapeur en question, au contraire, il n'y a pas de circulation ; la vapeur condensée reste à l'intérieur de la chaudière vaporisatrice, et sa régénération s'opère probablement au sein de la vapeur déjà formée, de telle sorte que c'est au milieu, non de la vapeur, mais d'une atmosphère mélangée d'eau et de vapeur, qu'est placée la surface de chauffe réduite sur laquelle on compte. Il n'en faut pas davantage pour ébranler les raisonnements qui aboutissent au système proposé (1).

(1) Il est bien connu que les bassines à double fond, chauffées par de la vapeur, ne vaporisent pas plus de 3 kilogrammes d'eau à l'heure et par degré de différence de température. L'eau de condensation est cependant extraite du double fond au fur et à mesure qu'elle se produit.

La perte considérable de pression à laquelle aboutit la combinaison de M. Félix n'est pas de nature à faire accueillir cette combinaison, lorsque la vapeur travaille comme force motrice. Quand la vapeur est employée à l'alimentation d'appareils de chauffage, il est beaucoup plus simple de recueillir les eaux de condensation et de les renvoyer au générateur par l'appareil alimentaire

CHAUDIÈRES DE BATEAUX

XII

Note sur les chaudières de bateaux.

180. — L'application de la vapeur à la navigation remonte, on le sait, à l'origine de la machine à vapeur elle-même, et les chaudières employées à bord des bateaux ont été successivement construites d'après les divers systèmes en usage au moment de leur établissement.

On a pu voir dans les notes précédentes les dispositions fondamentales de ces systèmes : la présente a pour but l'examen de quelques générateurs qui ont reçu spécialement la destination dont il s'agit. Bien que la plupart des chaudières puissent être installées et rendre des services dans les navires, il est évident que les conditions qui découlent de la nécessité d'assurer la stabilité du bâtiment, de conserver un emplacement disponible et un tonnage utile suffisants, réclament des appareils appropriés à ces conditions.

181. — (Fig. **158.**) La chaudière n° **158** à trois corps cylindriques traversés chacun par un conduit longitudinal intérieur était installée à bord du remorqueur *le Vice-Amiral Rosamel,* qui a longtemps navigué sur la Seine. Un fourneau en maçonnerie contenait ces trois corps, dont la partie extérieure et inférieure était contenue dans un carneau que parcourait la flamme provenant du foyer unique, qui desservait l'appareil, et qui était situé vers l'extrémité munie de petits bouilleurs. Les gaz chauds circulaient ensuite dans les conduits intérieurs qui les ramenaient à la cheminée par des tubulures de communication.

Le corps du milieu supportait un récipient avec lequel il communiquait par des tubulures ordinaires, tandis que des tuyaux extérieurs établissaient une communication analogue avec les deux autres corps. Ce récipient, dont la capacité s'ajoutait à celle des réservoirs de vapeur de chaque corps cylindrique, servait de dôme commun et portait la prise de vapeur.

Une conduite d'eau munie de robinets passant devant la façade du fourneau permettait d'alimenter séparément les diverses parties de l'appareil : celle du milieu directement; celles de gauche et de droite par l'intermédiaire des petits bouilleurs.

Cette installation, encombrante et lourde, ne remplit aucune des conditions ordinairement requises dans la navigation ; cependant, dans l'espèce, elle n'était pas incompatible avec la destination du bateau, qui était affecté à des remorquages considérables, elle contribuait, pour une certaine part, à la puissance de traction qu'il devait déployer.

On sait que la puissance de traction des locomotives est subordonnée à une condition analogue.

182. (Fig. **159.**) L'usage des basses pressions s'est longtemps maintenu dans les machines de bateaux qui comportent généralement la condensation de la vapeur. L'emploi des faces planes pouvait en conséquence être admis dans la construction des chaudières. Un grand nombre d'appareils ont été établis dans les conditions reproduites par la figure **159**. Un ou plusieurs foyers, selon l'importance du générateur, sont placés à l'entrée d'autant de galeries intérieures à parois planes, formant des retours plus ou moins nombreux et brisés que les gaz parcourent avant d'aboutir à la base de la cheminée, et qui sont disposés de manière à laisser entre eux de minces cloisons à double paroi remplies d'eau.

Des armatures et des tirants maintiennent les faces planes, dont les intervalles peuvent être nettoyés par un ouvrier s'il se place dans l'espace qui surmonte le ciel des galeries. L'épreuve légale n'est pas exigée lorsque la pression effective n'excède pas une demi-atmosphère.

183. — (Fig. **160**.) Les avantages du système tubulaire, particulièrement appréciables pour les chaudières de bateau, devaient, comme cela a eu lieu, le faire préférer dans la majeure partie des cas. Diverses dispositions ont été adoptées. Celle représentée par la figure n° **160** comporte un foyer intérieur prolongé par un faisceau tubulaire ; un grand nombre de tubes débouchant dans la boîte à fumée d'arrière forment le retour de flamme qui communique avec une cheminée située à l'avant de la chaudière.

184. (Fig. **161**.) La chaudière n° **161** à foyer intérieur et à retour de flamme tubulaire porte, à sa partie postérieure, un appendice vertical, contenant de l'eau, formé par deux parois planes très-rapprochées et entretoisées. Le peu de surface de chauffe que cet accessoire développe ne compensait pas la difficulté de nettoyage qu'il présente et le prix de sa construction. On y a renoncé dans les appareils commandés plus tard pour d'autres bateaux affectés au même service.

185. — (Fig. **162**.) La chaudière n° **162**, également à foyer

intérieur et à retour de flamme tubulaire, comporte **un corps supérieur** relié à la chaudière par deux tubulures de communieation, ce
qui permet d'élever très-haut le niveau de l'eau, et par conséquent
d'augmenter la surface de chauffe en multipliant le nombre des tubes
dans le corps inférieur.

186. — (Fig. **163**). La chaudière n° **163** diffère des deux précédentes en ce que les deux boîtes à fumée et la cheminée, au lieu d'être
rapportées à l'extérieur des appareils, font partie intégrante de cette
chaudière. Cette disposition diminue les pertes de chaleur par
rayonnement à l'extérieur et elle procure à la cheminée une base
plus assurée.

187. — (Fig. **164.**) Dans la chaudière n° **164** à foyer intérieur et
à retour de flamme tubulaire, le foyer est reporté sur le côté de la
chaudière, et le faisceau tubulaire, au lieu d'être divisé en deux parties
comme dans les chaudières précédentes, occupe tout entier le com-
partiment disponible.

Les fonds plats et entretoisés de la boîte à fumée d'arrière et de
l'enveloppe, qui ne comprennent qu'un faible intervalle, sont inaccessibles au nettoyage.

Quant à la portion de cheminée qui traverse *horizontalement* le
corps cylindrique supérieur formant dôme, elle est très-peu refroidie
par le contact de la vapeur. On pourrait donc craindre qu'en brû-
lant elle ne devînt l'occasion d'un accident, si les gaz, en passant dans
le faisceau tubulaire, n'étaient pas eux-mêmes ordinairement assez
refroidis pour rendre cet accident peu probable.

188. — Fig. **165.**) La disposition verticale des chaudières est incompatible avec la stabilité des bateaux ; aussi est-elle généralement
repoussée. Cependant, à bord de petites embarcations où l'espace est
très-exigu, elle est quelquefois employée. C'est le cas de la chaudière tubulaire n° **165**.

La couche d'eau laissée entre les deux faces planes et entretoisées situées au-dessous du foyer ne paraît avoir d'autre utilité que d'abaisser le centre de gravité de l'appareil (on sait que l'eau s'échauffe difficilement par un foyer placé au-dessus d'elle); cette disposition a peut-être aussi pour but d'interposer un écran entre le foyer et le fond du canot.

189. — (Fig. **166** à **168**.) Les dispositions les plus généralement employées maintenant pour les chaudières marines s'écartent peu de celles représentées par les figures **166, 167** et **168**. Elles consistent en un ou plusieurs foyers intérieurs qui débouchent dans une boîte à fumée située à leur partie postérieure et en autant de faisceaux tubulaires formant retour de flamme, lesquels ramènent les gaz chauds dans une seconde boîte à fumée située en avant et au-dessous de la cheminée.

Une enveloppe extérieure, dont la forme est souvent subordonnée à celle du navire, embrasse l'appareil de chauffage avec lequel elle a les liaisons nécessaires; la capacité disponible contient l'eau et la vapeur. Des armatures appropriées consolident le système, qui ne comporte guère de parois cylindriques, et le nettoyage s'effectue au moyen des ouvertures en nombre suffisant pratiquées dans le bas de l'enveloppe.

. 190. — Les chaudières n^{os} **166, 167** et **168** sont respectivement à un, à deux et à quatre foyers.

Dans le cas des foyers multiples, les boîtes à fumée sont séparées les unes des autres par des cloisons doubles, contenant de l'eau. Grâce à cette disposition, les foyers sont indépendants et le tirage de chacun d'eux est assuré. La multiplicité des foyers présente un avantage qu'il convient de signaler : elle permet, quand les circonstances de la navigation l'indiquent, de réduire l'importance du chauffage, par l'extinction de un ou plusieurs feux, sans que les foyers laissés allumés cessent de marcher dans les conditions les plus favorables à une bonne combustion.

191. — (Fig. **169**.) Les chaudières à production rapide dont il a été question dans une note spéciale paraissent susceptibles d'être

employées avec succès à bord des bateaux. Un grand nombre de générateurs de M. Belleville ont été commandés par la marine de l'État, principalement pour des embarcations de faible importance, chez lesquelles la mobilité est une qualité essentielle.

La figure **122** A, qui représente un de ces appareils, aurait pu, en conséquence, être comprise dans la collection qui fait l'objet de la présente note ; on peut s'y reporter. Quant à la chaudière n° **169** dont il s'agit ici, elle est proposée par M. Thirion, inventeur des bouilleurs en-forme d'U, qui ont été étudiés sous le n° **136**. Elle consiste en un conduit de flamme horizontal à section rectangulaire, dont le ciel est muni des bouilleurs en question, répétés un très-grand nombre de fois. Une enveloppe rectangulaire de plus grandes dimensions, surmontée d'un demi-cylindre, est reliée à ce conduit de flamme ; leurs parties planes correspondantes sont entretoisées. Les gaz de la combustion qui s'échappent du foyer établi à la partie antérieure de l'appareil se rendent à une boîte à fumée, située en arrière, puis ils sont ramenés, par des tubes logés entre les doubles parois verticales des faces latérales, à l'intérieur d'une seconde boîte à fumée qui communique avec la cheminée.

Des tirants relient les fonds plats de boîtes à fumée ; le ciel du conduit de flamme est armé de fermes transversales assez semblables à celles des foyers de locomotives. Plusieurs ouvertures sont destinées à permettre le nettoyage.

La section totale des tubes de retour de flamme de la chaudière n° **169** paraît bien restreinte pour suffire à l'écoulement de la quantité de gaz chauds que doit comporter la surface de chauffe très-développée qu'elle présente. La circulation de l'eau devant s'opérer, d'après l'inventeur, très-rapidement à l'intérieur des bouilleurs, il semble que cette section aurait dû être d'autant plus considérable.

L'observation qui termine la note relative à la figure **136** s'applique dans l'espèce et s'oppose à ce qu'une conclusion positive puisse être formulée.

ORDONNANCE DU ROI

Du 23 mai 1843

RELATIVE

AUX BATEAUX A VAPEUR

QUI NAVIGUENT SUR LES FLEUVES ET RIVIÈRES

LOUIS-PHILIPPE, Roi des Français,

Sur le rapport de notre Ministre Secrétaire d'État au département des travaux publics ;

Vu les ordonnances des 2 avril 1823 et 25 mai 1828, sur les bateaux à vapeur ;

Les rapports de la Commission centrale des machines à vapeur établie près de notre Ministre des travaux publics ;

Notre Conseil d'État entendu,

NOUS AVONS ORDONNÉ ET ODONNONS CE QUI SUIT :

ARTICLE PREMIER.

La construction et l'emploi des bateaux à vapeur qui naviguent sur les fleuves et rivières sont assujettis aux dispositions suivantes.

TITRE PREMIER

Des permis de navigation.

SECTION PREMIÈRE.

FORMALITÉS PRÉLIMINAIRES.

Art. 2.

Aucun bateau à vapeur ne pourra naviguer sur les fleuves et rivières sans un permis de navigation.

Art. 3.

Toute demande en permis de navigation sera adressée, par le propriétaire du bateau, au préfet du département où se trouvera le point de départ.

Art. 4.

Dans sa demande, le propriétaire fera connaître :

1° Le nom du bateau ;

2° Ses principales dimensions, son tirant d'eau à vide, et sa charge maximum, exprimée en tonneaux de 1,000 kilogrammes ;

3° La force de l'appareil moteur, exprimée en chevaux (le cheval-vapeur étant la force capable d'élever un poids de 75 kilogrammes à un mètre de hauteur dans une seconde de temps) ;

4° La pression, évaluée en nombre d'atmosphères, sous laquelle cet appareil fonctionnera ;

5° La forme de la chaudière ;

6° Le service auquel le bateau sera destiné ; les points de départ, de stationnement et d'arrivée ;

7° Le nombre maximum des passagers qui pourront être reçus dans le bateau.

Un dessin géométrique de la chaudière sera joint à la demande.

Cette demande sera renvoyée par le préfet à la Commission de surveillance instituée dans le département, conformément à l'article 70 de la présente ordonnance.

SECTION II.

DES VISITES ET DES ESSAIS DES BATEAUX A VAPEUR.

Art. 5

La Commission de surveillance visitera le bateau à vapeur, à l'effet de s'assurer :

1° S'il est construit avec solidité, et si l'on a pris toutes les précautions requises pour le cas où il serait destiné à un service de passagers ;

2 Si l'appareil moteur a été soumis aux épreuves voulues, et s'il est pourvu des moyens de sûreté prescrits par la présente ordonnance ;

3° Si la chaudière, en raison de sa forme, du mode de jonction de ses diverses parties, de la nature des matériaux avec lesquels elle est construite, ne présente aucunecause particulière de danger ;

4° Si on a pris toutes les précautions nécessaires pour prévenir les chances d'incendie.

Art. 6.

Après la visite, la Commission assistera à un essai du bateau à vapeur. Elle vérifiera si l'appareil moteur a une force suffisante pour le service auquel ce bateau sera destiné, et elle constatera :

1° La hauteur des eaux lors de l'essai ;

2° Le tirant d'eau du bateau ;

3° La vitesse du bateau, en montant et en descendant ;

4° Les divers degrés de tension de la vapeur, dans l'appareil moteur, pendant la marche du bateau.

Art. 7.

La Commission dressera un procès-verbal de la visite et de l'essai qu'elle aura faits du bateau à vapeur, et adressera ce procès-verbal au préfet du département.

Art. 8.

Si la Commission est d'avis que le permis de navigation peut être accordé, elle proposera les conditions auxquelles ce permis pourra être délivré.

Dans le cas contraire, elle exposera les motifs pour lesquels elle jugera qu'il est convenable de surseoir à la délivrance du permis, ou même de le refuser.

SECTION III.

DÉLIVRANCE DES PERMIS DE NAVIGATION.

Art. 9.

Si, après avoir reçu le procès-verbal de la Commission de surveillance, le préfet reconnaît que le propriétaire du bateau à vapeur a satisfait à toutes les conditions exigées, il délivrera le permis de navigation. Ce permis ne sera valable que pour un an.

Art. 10.

Dans le permis de navigation seront énoncés :

1° Le nom du bateau et le nom du propriétaire;

2° La hauteur de la ligne de flottaison, rapportée à des points de repère invariablement établis à l'avant, à l'arrière et au milieu du bateau ;

3° Le service auquel le bateau est destiné ; les points de départ, de stationnement et d'arrivée;

4° Le nombre maximum des passagers qui pourront être reçus à bord ;

5° La tension maximum de la vapeur, exprimée en atmosphères et en fractions décimales d'atmosphère, sous laquelle l'appareil moteur pourra fonctionner;

6° Les numéros des timbres dont les chaudières, tubes, bouilleurs, cylindres et enveloppes de cylindre auront été frappés, ainsi qu'il est prescrit à l'article 24 ;

7° Le diamètre des soupapes de sûreté et leur charge telle qu'elle aura été réglée conformément aux articles 29 et 30.

Art. 11.

Le préfet prescrira, dans le permis, toutes les mesures d'ordre et de police locale nécessaires. Il transmettra copie de son arrêté aux préfets des autres départements traversés par la ligne de navigation, lesquels prescriront les dispositions du même genre à observer dans ces départements; le tout sans préjudice de l'exécution des lois et règlements concernant la navigation dans la circonscription des arrondissements maritimes.

Art. 12.

Si le préfet reconnaît, d'après le procès-verbal dressé par la Commission de surveillance, qu'il y a lieu de surseoir à la délivrance du permis, ou même de le refuser, il notifiera sa décision au propriétaire du bateau, sauf recours devant notre Ministre des travaux publics.

Art. 13.

A chaque renouvellement du permis de navigation, la Commission de surveillance sera consultée, comme il est dit ci-dessus.

SECTION IV.

DES AUTORISATIONS PROVISOIRES DE NAVIGATION.

ART. 14.

Si le bateau a été muni de son appareil moteur et mis en état de naviguer dans un département autre que celui où il doit entrer en service, le propriétaire devra obtenir du préfet du premier de ces départements une autorisation provisoire de navigation, pour faire arriver le bateau au lieu de sa destination. La Commission de surveillance sera consultée sur la demande.

ART. 15.

L'autorisation provisoire ne dispensera pas le propriétaire du bateau de l'obligation d'obtenir un permis définitif de navigation, lorsque ce bateau sera arrivé au lieu de sa destination.

SECTION V.

DISPOSITION TRANSITOIRE.

ART. 16.

Il est accordé aux détenteurs actuels de permis de navigation un délai de trois mois, à dater de la publication de la présente ordonnance, pour se conformer aux dispositions qui précèdent, et demander un nouveau permis, qui leur sera délivré, s'il y a lieu, par l'autorité compétente. Passé ce délai, les anciens permis de navigation seront considérés comme non avenus.

TITRE II

Des machines à vapeur servant de moteurs aux bateaux.

SECTION PREMIÈRE.

DISPOSITIONS RELATIVES A LA FABRICATION ET AU COMMERCE DES MACHINES EMPLOYÉES SUR LES BATEAUX.

ART. 17.

Aucune machine à vapeur, destinée à un service de navigation, ne pourra être livrée par un fabricant, si elle n'a subi les épreuves prescrites ci-après.

ART. 18.

Les épreuves seront faites à la fabrique, par ordre du préfet, sur la déclaration du fabricant.

ART. 19.

Les machines venant de l'étranger devront être pourvues des mêmes appareils de sûreté que les machines d'origine française, et subir les mêmes épreuves. Ces épreuves seront faites au lieu désigné par le destinataire dans la déclaration qu'il devra faire à l'importation.

SECTION II.

ÉPREUVES DES CHAUDIÈRES ET DES AUTRES PIÈCES CONTENANT LA VAPEUR.

ART. 20.

Les chaudières à vapeur, leurs tubes bouilleurs et les réservoirs à vapeur, les cylindres en fonte des machines à vapeur et les enveloppes en fonte de ces cylindres, ne pourront, sauf l'exception portée à l'article 28, être établis à bord des bateaux sans avoir été préalablement soumis par les ingénieurs des mines, ou, à leur défaut, par les ingénieurs des ponts et chaussées, à une épreuve opérée à l'aide d'une pompe de pression.

L'usage des chaudières et des tubes bouilleurs en fonte est prohibé dans les bateaux à vapeur.

Art. 21.

La pression d'épreuve prescrite par l'article précédent sera *triple* de la pression effective, ou autrement, de la plus grande tension que la vapeur pourra avoir dans les chaudières, leurs tubes bouilleurs et autres pièces contenant la vapeur, diminuée de la pression extérieure de l'atmosphère.

Art. 22.

On procédera aux épreuves en chargeant les soupapes de sûreté des chaudières de poids proportionnels à la pression effective, et déterminés suivant la règle indiquée en l'article 31.

A l'égard des autres pièces, la charge d'épreuve sera appliquée sur la soupape de la pompe de pression.

Art. 23.

L'épaisseur des parois des chaudières cylindriques, en tôle ou en cuivre laminé, sera réglée conformément à la table n° 1, annexée à la présente ordonnance (1).

(1) Extrait de la circulaire du Ministre des travaux publics, relative aux épaisseurs à donner aux chaudières en tôle d'acier fondu.

« 26 juillet 1861.

. . . .

« Au nombre des questions que cette étude doit comprendre, celle qui concerne les réductions dans les épaisseurs jusqu'ici prescrites pour les chaudières appelle surtout, comme le faisait remarquer la circulaire précitée, un examen spécial ; mais, en attendant que le travail de révision dont il s'agit puisse être terminé, il est une classe particulière de chaudières pour lesquelles, dès aujour-

L'épaisseur de celles de ces chaudières qui, par leurs dimensions et par la pression de la vapeur, ne se trouveraient pas comprises dans la table, sera déterminée d'après la règle énoncée à la suite de ladite table ; toutefois cette épaisseur ne pourra dépasser 15 millimètres.

Les épaisseurs de la tôle devront être augmentées s'il s'agit de chaudières formées, en partie ou en totalité, de faces planes ou bien de conduits intérieurs, cylindriques ou autres, traversant l'eau ou la vapeur, et servant soit de foyers, soit à la circulation de la

d'hui, certaines mesures spéciales paraissent pouvoir être provisoirement autorisées : je veux parler des chaudières en acier fondu, telles qu'en établissent maintenant divers constructeurs.

« L'acier fondu, présentant en général une plus grande résistance à la rupture et plus de ductilité que la tôle ordinaire, on conçoit que des épaisseurs moins grandes puissent être admises dans les chaudières fabriquées avec ce métal.

« Toutefois, pour se fixer sur les conditions à appliquer à cet égard, il importait de procéder à des expériences directes et comparatives, de manière à bien apprécier comment les tôles d'acier fondu se comportaient dans le nouvel emploi auquel on les destinait.

« Une commission spéciale, prise dans le sein de la commission centrale des machines à vapeur, a été chargée de ces expériences. Il résulte des essais auxquels elle s'est livrée que, si l'acier fondu employé à la fabrication des chaudières est de bonne qualité, on peut, sans inconvénient, permettre de l'employer avec une réduction de moitié sur l'épaisseur exigée dans les chaudières en tôle de fer par l'ordonnance du 22 mai 1843 ; en conséquence, cette commission a proposé d'accorder cette tolérance aux fabricants.

« La commission centrale ayant partagé son avis, j'y ai moi-même donné mon adhésion, et, faisant application de l'article 67 de l'ordonnance ci-dessus rappelée du 22 mai 1843, j'ai arrêté les dispositions suivantes :

« I. — Lorsqu'il sera constaté que le métal dont la chaudière est construite est de l'acier fondu, et qu'il possède à la fois une résistance à la rupture de 60 kilogrammes par millimètre carré et un allongement proportionnel de rupture de 1/15 au moins, il sera accordé une tolérance de moitié sur l'épaisseur fixée pour la tôle de fer dans la table n° 1, annexée à l'ordonnance du 22 mai 1843.

« II. — Les essais destinés à la constatation de la nature et de la qualité du métal seront faits, avant la mise en œuvre, en présence de l'ingénieur chargé de la surveillance des appareils à vapeur, aux frais et par les soins du fabricant. Ces essais auront lieu sur des échantillons tirés des feuilles de tôle, lesquelles recevront l'empreinte du poinçon, constatant leur admission à la tolérance d'épaisseur.

« III. — La même tolérance sera appliquée aux chaudières de locomotives, flamme. Ces chaudières et conduits devront de plus être, suivant les cas, renforcés par des armatures suffisantes.

Art. 24.

Après qu'il aura été constaté que les parois des chaudières ont les épaisseurs voulues, et après l'épreuve, on appliquera aux chaudières, à leurs tubes bouilleurs et aux réservoirs de vapeur, aux cylindres en fonte des machines à vapeur et aux enveloppes en fonte de ces cylindres, des timbres indiquant, en nombre d'atmosphères, le degré de tension intérieure que la vapeur ne devra pas dépasser. Ces timbres seront placés de manière qu'ils soient toujours apparents.

indépendamment de celle dont elles jouissent déjà... Ainsi, lorsqu'une chaudière de locomotive sera en tôle d'acier fondu, elle pourra n'avoir que le tiers de l'épaisseur qui serait exigée, dans les mêmes circonstances de diamètre et de pression, pour une chaudière *fixe* en tôle de fer.

« IV. — Dans tous les cas, l'application de la tolérance ci-dessus sera subordonnée à la condition que les rivures des chaudières seront à deux rangs de rivets.

« V. — L'épaisseur, pour les cylindres pressés du dehors en dedans, devra être double de celle des cylindres de même diamètre, qui seraient soumis à la même pression, mais du dedans au dehors.

CHAUDIÈRES EN TOLE D'ACIER FONDU.

Extrait de la circulaire minirtérielle du 21 *décembre* 1861.

« Entre autres conditions fixées par la circulaire du 26 juillet dernier, pour que les chaudières en tôle d'acier fondu puissent jouir d'une tolérance dans le degré de leur épaisseur, il en est une qui porte que les rivures seront à deux rangs de rivets.

« En prescrivant cette condition, l'on a entendu qu'elle s'appliquerait exclusivement aux joints dirigés suivant les génératrices, et qu'ainsi elle ne serait pas exigée pour les sections normales à l'axe du cylindre : l'effort moléculaire, suivant cette dernière direction, est en effet deux fois moindre que suivant les génératrices ; par conséquent, il suffit que le double rang des rivets existe aux joints longitudinaux,

« La prescription dont il s'agit se faisait d'ailleurs d'elle-même assez comprendre. Toutefois, pour éviter toute incertitude, il m'a paru qu'il ne serait pas inutile de préciser, par les applications ci-dessus, le sens dans lequel doit, à cet égard, être interprété le paragraphe 4 de la circulaire précitée. »

Art. 25.

L'épreuve sera renouvelée après l'installation de la machine dans le bateau : 1° si le propriétaire la réclame ; 2° s'il y a eu pendant le transport, ou lors de la mise en place, quelques avaries ; 3° s'il a été fait à la chaudière des modifications ou réparations quelconques depuis la première épreuve ; 4° si la commission de surveillance le juge utile.

Art. 26.

Les chaudières à vapeur, leurs tubes bouilleurs et autres pièces contenant la vapeur, devront être éprouvés de nouveau toutes les fois qu'il sera jugé nécessaire par les commissions de surveillance.

Quant il aura été fait aux chaudières et autres pièces des changements ou réparations notables, les propriétaires des bateaux à vapeur seront tenus d'en donner connaissance au préfet. Il sera nécessairement procédé, dans ce cas, à de nouvelles épreuves.

Art. 27.

L'appareil et la main-d'œuvre nécessaires pour les épreuves seront fournis par les propriétaires des machines et des chaudières à vapeur.

Art. 28.

Les chaudières qui auront des faces planes seront dispensées de l'épreuve, mais sous la condition que la force élastique, ou la tension de la vapeur, ne devra pas s'élever, dans l'intérieur de ces chaudières, à plus d'*une atmosphère et demie*.

SECTION III.

DES APPAREILS DE SURETÉ DONT LES CHAUDIÈRES A VAPEUR DOIVENT ÊTRE MUNIES.

---

§ Iᵉʳ.

DES SOUPAPES DE SURETÉ.

ART. 29.

Il sera adapté à la partie supérieure de chaque chaudière deux soupapes de sûreté. Ces soupapes seront placées vers chaque extrémité de la chaudière, et à la plus grande distance possible l'une de l'autre.

Le diamètre des orifices de ces soupapes sera réglé d'après la surface de chauffe de la chaudière et la tension de la vapeur dans son intérieur, conformément à la table n° 2, annexée à la présente ordonnance.

ART. 30.

Chaque soupape sera chargée d'un poids unique, agissant soit directement, soit par l'intermédiaire d'un levier.

Chaque poids recevra l'empreinte d'un poinçon apposée par la commission de surveillance. Les leviers seront également poinçonnés, s'il en est fait usage. La quotité du poids et la longueur du levier seront énoncées dans le permis de navigation.

ART. 31.

La charge maximum de chaque soupape de sûreté sera déterminée en multipliant par $1^k,033$ par le nombre d'atmosphères mesurant la pression effective, et par le nombre de centimètres carrés mesurant l'orifice de la soupape.

La largeur de la surface annulaire de recouvrement ne devra pas dépasser la trentième partie de la surface circulaire exposée directement à la pression de la vapeur, et cette largeur, dans aucun cas, ne devra excéder deux millimètres.

ART. 32.

Il sera de plus adapté à la partie supérieure des chaudières à faces planes, dont il est fait mention à l'article 28, une soupape atmosphérique, c'est-à-dire ouvrant du dehors au dedans.

§ 2e.

DES MANOMÈTRES.

ART. 33.

Chaque chaudière sera munie d'un manomètre à mercure, gradué en atmosphères et en fractions décimales d'atmosphère, de manière à faire connaître immédiatement la tension de la vapeur dans la chaudière.

Le tuyau qui amènera la vapeur au manomètre sera adapté directement sur la chaudière, et non sur le tuyau de prise de vapeur ou sur tout autre tuyau dans lequel la vapeur serait en mouvement.

Le manomètre sera placé en vue du chauffeur.

ART. 34.

On fera usage du manomètre à air libre, c'est-à-dire ouvert à sa partie supérieure, toutes les fois que la pression effective de la vapeur ne dépassera pas deux atmosphères.

ART. 35.

On tracera sur l'échelle de chaque manomètre, d'une manière très-apparente, une ligne qui répondra au numéro de cette échelle, que le mercure ne devra pas habituellement dépasser.

§ 3e.

DE L'ALIMENTATION ET DES INDICATEURS DU NIVEAU DE L'EAU
DANS LES CHAUDIÈRES.

Art. 36.

Chaque chaudière sera munie d'une pompe alimentaire bien construite et en bon état d'entretien.

Indépendamment de cette pompe, mise en mouvement par la machine motrice du bateau, chaque chaudière sera pourvue d'une autre pompe pouvant fonctionner, soit à l'aide d'une machine particulière, soit à bras d'homme, et destinée à alimenter la chaudière, s'il en est besoin, lorsque la machine motrice du bateau ne fonctionnera pas.

Art. 37.

Le niveau que l'eau doit avoir habituellement dans la chaudière sera indiqué, à l'extérieur, par une ligne tracée d'une manière très-apparente sur le corps de la chaudière ou sur le parement du fourneau.

Cette ligne sera d'un décimètre au moins au-dessus de la partie la plus élevée des carneaux, tubes ou conduits de la flamme et de la fumée dans le fourneau.

Art. 38.

Il sera adapté à chaque chaudière : 1° deux tubes indicateurs en verre, qui seront placés un à chaque côté de la face antérieure de la chaudière ; 2° l'un des deux appareils suivants, savoir : un flotteur d'une mobilité suffisante ; des robinets indicateurs, convenablement placés à des niveaux différents. Les appareils indicateurs seront, dans tous les cas, disposés de manière à être en vue du chauffeur.

SECTION IV.

DES CHAUDIÈRES MULTIPLES.

ART. 39.

Si plusieurs chaudières sont établies dans un bateau, elles ne pourront être mises en communication que par les parties toujours occupées par la vapeur, et cette communication sera disposée de manière que les chaudières puissent, au besoin, être rendues indépendantes les unes des autres.

Dans tous les cas, chaque chaudière sera alimentée séparément, et devra être munie de tous les appareils de sûreté prescrits par la présente ordonnance.

SECTION V.

DE L'EMPLACEMENT DES APPAREILS MOTEURS.

ART. 40.

L'emplacement des appareils moteurs devra être assez grand pour qu'on puisse facilement faire le service des chaudières et visiter toutes les parties des appareils.

Cet emplacement sera séparé des salles des passagers par des cloisons en planches très-solidement construites et entièrement revêtues d'une doublure en feuille de tôle, à recouvrement, d'un millimètre d'épaisseur au moins.

TITRE III

De l'installation des bateaux à vapeur; des agrès, apparaux et des équipages.

ART. 41.

Le pont de chaque bateau devra être garni de garde-corps d'une hauteur suffisante pour la sûreté des passagers.

Toutes les ouvertures pratiquées au-dessus des machines et des chaudières, qui ne sont pas habituellement fermées par un panneau plein, seront munies d'un grillage en fer ou en bois.

Art. 42.

De chaque côté du bateau il y aura un escalier d'embarquement (en bois ou en fer), avec une rampe ou une corde à nœuds solidement fixée.

Art. 43.

Les tambours qui, de chaque côté du bateau, enveloppent les roues motrices, seront munis d'une défense en fer, descendant assez près de la surface de l'eau pour empêcher les embarcations de s'engager dans les palettes des roues.

Art. 44.

Lorsque la cheminée sera mobile, et qu'elle ne se trouvera pas disposée de manière à être en équilibre sur son axe de rotation dans toutes les positions, il sera établi, sur le pont du bateau, un support suffisamment élevé pour arrêter la cheminée en cas de chute, et prévenir tout accident.

Art. 45.

La ligne de flottaison indiquant le maximum du chargemènt sera placée d'une manière apparente sur le pourtour entier de la carène, d'après les points de repère déterminés par le permis de navigation.

Art. 46.

Le nom du bateau sera inscrit en gros caractères sur chacun de ses côtés.

Art. 47.

Il y aura dans chaque bateau :

1° Deux ancres, au moins, pouvant être jetées immédiatement;

2° Un canot à la traîne ou suspendu à des palans, de manière à être, au besoin, mis immédiatement à l'eau : les dimensions de ce canot seront déterminées par le préfet, d'après l'avis de la Commission de surveillance ;

3 Une bouée de sauvetage en liége, suspendue sous l'arrière ;

4° Une hache en bon état, à portée du timonier ;

5° Une cloche pour donner les avertissements nécessaires ;

6° Une boîte fumigatoire, pour administrer des secours aux asphyxiés ;

7° Des manomètres de rechange ainsi que des tubes indicateurs de rechange.

Art. 48.

Si le bateau est exposé à être accidentellement poussé à la mer, il sera muni des cartes et des instruments nautiques nécessaires à cette navigation.

Art. 49.

Indépendamment du capitaine, maître ou timonier, et des matelots ou mariniers formant l'équipage, il y aura à bord de chaque bateau un mécanicien et autant de chauffeurs que le service de l'appareil moteur l'exigera.

Art. 50.

Nul ne pourra être employé en qualité de capitaine ou de mécanicien, s'il ne produit des certificats de capacité, délivrés dans les formes qui seront déterminées par notre Ministre des travaux publics.

TITRE IV

Mesures diverses concernant le service des bateaux à vapeur.

SECTION PREMIÈRE.

STATIONNEMENT, DÉPART ET MOUILLAGE DES BATEAUX.

ART. 51.

Dans toutes les localités où cela sera possible, il sera assigné aux bateaux à vapeur un lieu de stationnement distinct de celui des autres bateaux.

ART. 52.

Lorsque la disposition des lieux le permettra, il pourra être accordé à chaque entreprise de bateau à vapeur un emplacement particulier et dont elle aura la jouissance exclusive, à charge par elle d'y faire, à ses frais, les ouvrages nécessaires pour faciliter l'embarquement et le débarquement des voyageurs et des marchandises.

Cette autorisation, toujours révocable, sera accordée par le préfet, qui en déterminera les conditions.

ART. 53.

En cas de concurrence entre deux ou plusieurs entreprises, les heures de départ seront réglées par le préfet, de manière à éviter les accidents qui peuvent résulter de la rivalité.

ART. 54.

Pour chaque localité, un arrêté du préfet déterminera les conditions de solidité et de stabilité des batelets destinés au service d'embarquement et de débarquement des passagers, le nombre des personnes que ces batelets pourront recevoir, et le nombre des mariniers nécessaires pour les conduire.

Le maire de la commune délivrera les permis de service, après s'être préalablement assuré que les batelets sont conformes aux dispositions de sûreté prescrites, et que les mariniers remplissent les conditions exigées par l'article 47 de la loi du 6 frimaire an VII.

ART. 55.

Sur les points où le service des batelets serait dangereux, les préfets pourront en interdire l'usage.

ART. 56.

Aucun bateau à vapeur ne quittera le point de départ et les lieux de stationnement pendant la nuit, ni en temps de brouillard, de glaces ou de débordements, à moins d'une permission spéciale délivrée par l'autorité chargée de la police locale.

ART. 57.

Les préfets prescriront les dispositions nécessaires pour éviter, dans chaque localité, les accidents qui pourraient avoir lieu au départ et à l'arrivée des bateaux.

SECTION II.

MARCHE ET MANŒUVRE DES BATEAUX.

ART. 58.

Si deux bateaux à vapeur marchant en sens inverse viennent à se rencontrer, le bateau descendant ralentira son mouvement, et chaque bateau serrera le chenal de navigation à sa droite. Si les dimensions de ce chenal sont telles qu'il ne reste pas entre les parties les plus saillantes des bateaux un intervalle libre de quatre mètres au moins, le bateau qui remonte s'arrêtera et attendra, pour reprendre sa route, que celui qui descend ait doublé le passage.

Dans les rivières à marées, le bateau qui vient avec le flot est censé descendre.

Si la rencontre a lieu entre deux bateaux à vapeur marchant dans la même direction, celui qui sera en avant serrera le chenal de navigation à sa droite ; celui qui sera en arrière serrera ce chenal à sa gauche.

Si les dimensions du chenal ne permettent pas le passage de deux bateaux, le bateau qui se trouvera en arrière ralentira son mouvement, et attendra que la passe soit franchie pour reprendre toute sa vitesse.

Des arrêtés des préfets désigneront les passes dans lesquelles il est interdit aux bateaux à vapeur de se croiser ou de se dépasser, et détermineront, relativement à des points facilement reconnaissables, les limites de chacune de ces passes.

Art. 59.

Les préfets détermineront également les précautions à prendre à l'approche des ponts, pertuis et autres ouvrages d'art, tant pour la sûreté des passagers que pour la conservation de ces ouvrages.

Art. 60.

Les capitaines des bateaux à vapeur ne feront aucune manœuvre dans le but d'entraver ou de retarder la marche des autres bateaux à vapeur ou de toute autre embarcation. Ils diminueront la vitesse de leurs bateaux, ou même ils les feront arrêter toutes les fois que la continuation de la marche de ces bateaux pourrait donner lieu à des accidents.

Art. 61.

Tout bateau à vapeur naviguant pendant la nuit tiendra constamment allumés deux fanaux placés, l'un à l'avant, l'autre à l'arrière. Ces deux fanaux seront *à verres blancs* lorsque le bateau descendra, et *à verres rouges* lorsqu'il remontera.

En cas de brouillard, le capitaine fera tinter continuellement la cloche du bateau, pour éviter les abordages.

Art. 62.

Les capitaines des bateaux à vapeur pourront, sauf le cas prévu par l'article 55, prendre ou déposer en route des voyageurs ou des marchandises, qui seront transportés dans des batelets; mais ils devront faire arrêter l'appareil moteur du bateau, afin que les batelets puissent accoster sans danger. Ces batelets, avant d'aborder, seront amarrés au bateau à vapeur, et celui-ci ne devra continuer sa navigation que lorsqu'ils auront été poussés au large.

Art. 63.

Les capitaines rendront compte à l'autorité chargée de la police locale des faits qui pourront intéresser la sûreté de la navigation.

SECTION III.

CONDUITE DU FEU ET DES APPAREILS MOTEURS.

Art. 64.

Le mécanicien, sous l'autorité du capitaine, présidera à la mise en feu avant le départ; il entretiendra toutes les parties de l'appareil moteur; il s'assurera qu'elles fonctionnent bien, et que les chauffeurs sont en état de bien faire leur service. Pendant le voyage, il dirigera les chauffeurs, et s'occupera constamment de la conduite de la machine.

Art. 65.

Il sera tenu, à bord de chaque bateau, un registre dont toutes les pages devront être cotées et paraphées par le maire de la commune où est situé le siége de l'entreprise, et sur lequel le mécanicien inscrira d'heure en heure :

1° La hauteur du manomètre;

2° La hauteur de l'eau dans la chaudière, relativement à la *ligne d'eau;*

3° Le lieu où se trouvera le bateau. A la fin de chaque voyage, le mécanicien signera ces indications, dont il certifiera l'exactitude.

Art. 66.

Il est défendu aux propriétaires de bateaux à vapeur et à leurs agents de faire fonctionner les appareils moteurs sous une pression supérieure à la pression déterminée dans le permis de navigation, et de rien faire qui puisse détruire ou diminuer l'efficacité des moyens de sûreté dont ces appareils seront pourvus.

SECTION IV.

DISPOSITIONS RELATIVES AUX PASSAGERS.

Art. 67.

Il est interdit de laisser aucun passager s'introduire dans l'emplacement de l'appareil moteur.

Art. 68.

Indépendamment du registre du mécanicien, il sera ouvert dans chaque bateau à vapeur un autre registre, dont toutes les pages seront, comme il est dit article 65, cotées et paraphées, et sur lequel les passagers auront la faculté de consigner leurs observations, en ce qui pourrait concerner le départ, la marche et la manœuvre du bateau, les avaries ou accidents quelconques, et la conduite de l'équipage; ces observations devront être signées par les passagers qui les auront faites. Le capitaine pourra également consigner sur ce registre les observations qu'il jugerait convenables, ainsi que tous les faits qu'il lui paraîtrait important de faire attester par les passagers.

Art. 69.

Dans chaque salle où se tiennent les passagers, il sera affiché une copie du permis de navigation et un tableau indiquant :

1° La durée moyenne des voyages, tant en montant qu'en descendant, et en ayant égard à la hauteur des eaux ;

2° La durée des stationnements ;

3° Le nombre maximum des passagers ;

4° La faculté qu'ils ont de consigner leurs observations sur le registre ouvert à cet effet ;

5° Le tarif des places.

TITRE V

De la surveillance administrative des bateaux à vapeur.

Art. 70.

Dans les départements où existeront des bateaux à vapeur, les préfets institueront une ou plusieurs Commissions de surveillance.

Les ingénieurs des mines et les ingénieurs des ponts et chaussées feront nécessairement partie de ees Commissions.

Art. 71.

Les Commissions de surveillance, indépendamment des fonctions qui leur sont attribuées par les articles 5, 6, 7, 8 et 14 ci-dessus, visiteront les bateaux à vapeur au moins tous les trois mois, et chaque fois que le préfet le jugera convenable.

Les membres de ces commissions pourront, en outre, faire individuellement des visites plus fréquentes.

Art. 72.

La Commission de surveillance s'assurera, dans ses visites, que les mesures prescrites par la présente ordonnance et par le permis de navigation sont exécutées.

Elle constatera l'état de l'appareil moteur et celui du bateau ; elle

se fera représenter le registre tenu par le mécanicien, et le registre
destiné à recevoir les observations des passagers.

Art. 73.

La Commission adressera au préfet le procès-verbal de chacune
de ses visites. Dans ce procès-verbal, elle consignera ses propositions
sur les mesures à prendre si l'appareil moteur ou le bateau ne présentent plus des garanties suffisantes de sûreté.

Art. 74.

. Sur les propositions de la Commission de surveillance, le préfet
ordonnera, s'il y a lieu, la réparation ou le remplacement de toutes
les pièces de l'appareil moteur ou du bateau dont un plus long usage
présenterait des dangers. Il pourra suspendre le permis de navigation jusqu'à l'entière exécution de ces mesures.

Art. 75.

Dans tous les cas où, par suite d'inexécution des dispositions de
la présente ordonnance, la sûreté publique serait compromise, le
préfet suspendra et, au besoin, révoquera le permis de navigation.

Art. 76.

Les maires, adjoints ou commissaires de police, les officiers de
port ou inspecteurs de la navigation, exerceront une surveillance de
police journalière sur les bateaux à vapeur, tant aux points de
départ et d'arrivée qu'aux lieux de stationnement intermédiaires.

Art. 77.

Les propriétaires de bateaux à vapeur seront tenus de recevoir à
bord et de transporter gratuitement les inspecteurs de la navigation,
gardes de rivières, ou autres agents qui seraient chargés spécialement de la police et de la surveillance de ces bateaux.

Art. 78.

S'il était survenu des avaries de nature à compromettre la sûreté de la navigation, l'autorité chargée de la police locale pourra suspendre la marche du bateau ; elle devra sur-le-champ en informer le préfet.

En cas d'accident, elle se transportera immédiatement sur les lieux, et le procès-verbal qu'elle dressera de sa visite sera transmis au préfet, et, s'il y a lieu, au procureur du Roi.

La Commission de surveillance se rendra aussi sur les lieux sans délai, pour visiter les appareils moteurs, en constater l'état, et rechercher la cause de l'accident : elle adressera, sur le tout, un rapport au préfet.

TITRE VI

Dispositions générales.

Art. 79.

Les machines et les chaudières à vapeur, employées à un usage quelconque sur les bateaux stationnaires, sont soumises à toutes les conditions de sûreté prescrites par la présente ordonnance.

Art. 80.

Si, à raison du mode particulier de construction de certaines machines ou chaudières à vapeur, l'application, à ces machines ou chaudières, d'une partie des mesures de sûreté prescrites par la présente ordonnance devenait inutile, le préfet, sur le rapport de la Commission de surveillance, déterminera les conditions sous lesquelles ces appareils seront autorisés. Dans ce cas, les permis de navigation ne seront délivrés par le préfet que lorsqu'ils auront reçu l'approbation du ministre des travaux publics.

Art. 81.

Les propriétaires de bateaux à vapeur seront tenus d'adapter aux machines et chaudières employées dans ces bateaux les appareils de sûreté qui pourraient être découverts par la suite, et qui seraient prescrits par des règlements d'administration publique.

Art. 82.

Il sera publié par notre ministre secrétaire d'État au département des travaux publics une instruction sur les mesures de précaution habituelles à observer dans l'emploi des machines et des chaudières à vapeur établies sur des bateaux.

Cette instruction devra être affichée à demeure dans l'emplacement où se trouvent ces machines et chaudières.

Art. 83.

La navigation et la surveillance des bateaux à vapeur de l'État sur les fleuves et rivières sont régies par des dispositions spéciales.

Art. 84.

Les attributions données aux préfets des départements par la présente ordonnance seront exercées par le préfet de police dans toute l'étendue du département de la Seine, et dans les communes de Saint-Cloud, de Meudon et Sèvres, du département de Seine-et-Oise.

Art. 85.

Les ordonnances royales des 2 avril 1823 et 25 mai 1828, concernant les bateaux à vapeur et les machines et les chaudières à vapeur employées sur les bateaux, sont rapportées.

Art. 86.

Notre Ministre Secrétaire d'État au département des travaux publics est chargé de l'exécution de la présence ordonnance, qui sera insérée au *Bulletin des lois.*

Fait au palais des Tuileries, le 23 mai 1843.

Signé LOUIS-PHILIPPE.

Par le Roi :

Le Ministre Secrétaire d'État au département des travaux publics,

Signé : J. B. TESTE.

TABLE N° 1

TABLE DES ÉPAISSEURS A DONNER AUX CHAUDIÈRES A VAPEUR
CYLINDRIQUES EN TOLE OU EN CUIVRE LAMINÉ (1).

DIAMÈTRES DES CHAUDIÈRES.	NUMÉROS DES TIMBRES EXPRIMANT LES TENSIONS DE LA VAPEUR						
	2 atmosph.	3 atmosph.	4 atmosph.	5 atmosph.	6 atmosph.	7 atmosph.	8 atmosph.
mètre.	millim.	millim.	millim.	millim.	millim.	millim.	millim.
0,50	3,90	4,80	5,70	6,60	7,50	8,40	9,30
0,55	3,99	4,98	5,97	6,96	7,95	8,94	9,93
0,60	4,08	5,16	6,24	7,32	8,40	9,48	10,56
0,65	4,17	5,34	6,51	7,68	8,85	10,02	11,19
0,70	4,26	5,52	6,78	8,04	9,30	10,56	11,82
0,75	4,35	5,70	7,05	8,40	9,75	11,10	12,45
0,80	4,44	5,88	7,32	8,76	10,20	11,64	13,08
0,85	4,53	6,06	7,59	9,12	10,65	12,18	13,71
0,90	4,62	6,24	7,86	9,48	11,10	12,72	14,34
0,95	4,71	6,42	8,13	9,84	11,55	13,26	14,97
1,00	4,80	6,60	8,40	10,20	12,00	13,80	15,60

(1) Pour obtenir l'épaisseur que l'on doit donner aux chaudières, il faut multiplier le diamètre de la chaudière, exprimé en mètres et fractions décimales du mètre, par la pression effective de la vapeur exprimée en atmosphères, et par le nombre fixe 18 ; prendre la dixième partie du produit ainsi obtenu et y ajouter le nombre fixe 3. Le résultat exprimera, en millimètres et en fractions décimales du millimètre, l'épaisseur cherchée.

TABLE N° 2

TABLE POUR RÉGLER LES DIAMÈTRES A DONNER AUX ORIFICES DES SOUPAPES DE SURETÉ (1).

SURFACES de chauffe DES CHAUDIÈRES.	NUMÉROS DES TIMBRES INDIQUANT LES TENSIONS DE LA VAPEUR									
	1 1/2 atmosph.	2 atmosph.	2 1/2 atmosph.	3 atmosph.	3 1/2 atmosph.	4 atmosph.	4 1/2 atmosph.	5 atmosph.	5 1/2 atmosph.	6 atmosp.
mèt.car.	centim.	centim.	centim.	centim.	centim.	centim.	centim.	centim.	centim.	cent.
1	2,493	2,063	1,799	1,616	1,479	1,372	1,286	1,214	1,152	1,100
2	3,525	2,918	2,544	2,285	2,092	1,941	1,818	1,716	1,630	1,555
3	4,517	3,573	3,116	2,799	2,563	2,377	2,227	2,102	1,996	1,905
4	4,985	4,126	3,598	3,232	2,959	2,745	2,572	2,427	2,305	2,200
5	5,374	4,613	4,023	3,614	3,308	3,069	2,875	2,714	2,578	2,459
6	6,106	5,054	4,407	3,958	3,624	3,362	3,149	2,973	2,823	2,694
7	6,595	5,458	4,760	4,276	3,914	3,631	3,402	3,211	3,045	2,910
8	7,050	5,835	5,089	4,571	4,185	3,882	3,637	3,433	3,260	3,111
9	7,478	6,189	5,398	4,848	4,438	4,117	3,857	3,641	3,458	3,299
10	7,882	6,524	5,690	5,110	4,679	4,340	4,066	3,838	3,645	3,478
11	8,267	6,843	5,967	5,360	4,907	4,552	4,265	4,025	3,823	3,648
12	8,635	7,147	6,233	5,598	5,125	4,754	4,454	4,204	3,993	3,810
13	8,987	7,439	6,487	5,827	5,334	4,949	4,636	4,376	4,156	3,965
14	9,325	7,720	6,732	6,047	5,536	5,138	4,811	4,541	4,312	4,124
15	9,654	7,990	6,968	6,259	5,730	5,316	4,980	4,701	4,464	4,259
16	9,970	8,253	7,197	6,464	5,918	5,490	5,143	4,854	4,610	4,399
17	10,277	8,506	7.418	6,663	6,100	5,659	5,302	5,004	4,752	4,534
18	10,575	8,753	7,633	6,841	6,277	5,823	5,455	5,149	4.890	4,666
19	10,865	8,993	7,842	7,044	6,449	5,982	5,605	5,290	5 024	4,794
20	11,147	9,227	8,046	7,227	6,616	6,138	5,750	5,428	5,154	4,918
21	11,423	9,454	8,245	7,389	6,780	6,289	5,892	5,561	5,282	5.040
22	11,691	9,677	8,439	7,580	6,939	6,437	6,031	5,692	5,406	5,158
23	11,954	9,894	8,629	7.750	7,095	6,582	6,167	5,820	5,527	5,274
24	12,211	10,107	8,814	7,917	7,248	6,723	6,299	5,845	5,646	5,388
25	12,463	10,316	8,996	8,080	7,397	6,862	6,429	6,069	5,763	5,499
26	12,710	10,520	9,174	8,240	7,544	6,998	6,556	6,188	5,877	5,608
27	12,952	10,720	9,349	8,397	7,776	7,132	6,681	6,366	5,989	5,715
28	13,190	10,917	9,520	8,551	7,828	7,262	6,804	9,422	6,099	5,819
29	13,423	11,110	9,689	8,703	7,967	7,391	6,924	6,535	6,207	5,922
30	13,653	11,300	9,855	8,851	8,103	7,517	7,043	6,648	6,313	6,024

(1) Pour déterminer le diamètre des soupapes de sûreté, il faut diviser la surface de chauffe de la chaudière, exprimée en mètres carrés, par le nombre qui indique la tension maximum de la vapeur dans la chaudière, préalablement diminué du nombre 0,412 ; prendre la racine carrée du quotient ainsi obtenu, et la multiplier par 2,6 : le résultat exprimera, en centimètres et en fractions décimales du centimètre, le diamètre cherché.

INSTRUCTION

SUR LES MESURES DE PRÉCAUTION HABITUELLES

A OBSERVER

DANS L'EMPLOI DES APPAREILS A VAPEUR

PLACÉS A BORD DES BATEAUX

QUI NAVIGUENT SUR LES FLEUVES ET RIVIÈRES

----

§ 1ᵉʳ.

OBSERVATIONS GÉNÉRALES.

Le propriétaire d'un bateau à vapeur doit attacher la plus grande importance aux choix du capitaine et du mécanicien qui seront chargés de la conduite du bateau et de celle de l'appareil moteur.

Le capitaine doit posséder une connaissance exacte de la rivière sur laquelle navigue le bateau.

Le mécanicien doit connaître toutes les pièces de la machine à vapeur, les appareils de sûreté dont la chaudière est pourvue, l'usage de chacun de ces appareils; il doit être capable de conduire la machine avec habileté, et d'exécuter avec promptitude les manœuvres ordonnées par le capitaine; il doit entretenir la machine en bon état, savoir quelles sont les précautions à prendre au départ, à l'arrivée du bateau, pendant les escales, et en cas d'accident durant la marche.

Le capitaine et le mécanicien doivent être sobres, prudents, attentifs, exempts de tout défaut qui pourrait troubler ou détourner leur attention pendant le travail, et leur faire perdre de vue que la sûreté du bateau et la vie des passagers sont sous leur sauvegarde.

§ 2e.

VISITE ET NETTOYAGE DE LA CHAUDIÈRE ET DE LA MACHINE DANS L'INTERVALLE DES VOYAGES.

Après chaque voyage, le mécanicien doit visiter minutieusement, dans toutes leurs parties, la chaudière et la machine. Il vide la chaudière et la nettoie, toutes les fois que cela est nécessaire, afin que les sédiments ne s'accumulent pas dans son intérieur et n'y forment pas des dépôts endurcis et incrustants, qui adhéreraient aux parois. Il vérifie si les soupapes, le manomètre, les indicateurs du niveau de l'eau, les pompes alimentaires, sont en bon état. Il nettoie et fourbit la machine, visite les pièces mobiles, telles que tiroirs, soupapes, pistons; resserre ou refait les garnitures des pistons et tiroirs; enfin remet en ordre, fait remplacer ou réparer, au besoin, toutes les parties de l'appareil à vapeur qui sont dérangées ou déériorées.

Si le mécanicien reconnaissait qu'une chaudière, en raison de sa forme, ne peut être visitée et nettoyée complétement, et que des sédiments vaseux ou incrustants peuvent se loger et s'accumuler sur quelques points, il en avertirait le propriétaire du bateau.

§ 3ᵉ.

DE LA MISE EN FEU ET DU DÉPART.

Le mécanicien se rendra à bord, assez tôt avant l'heure du départ, pour présider à la mise en feu. Il s'assurera de nouveau si les soupapes, le manomètre et les indicateurs du niveau de l'eau sont en ordre. Avant de faire allumer les feux, il veillera à ce que les chaudières soient remplies d'eau jusqu'au niveau de la *ligne d'eau* tracée sur les corps des chaudières ou les parements des fourneaux. Lors du départ, il mettra la machine en jeu, sur l'ordre du capitaine, et la manœuvrera lui-même, jusqu'à ce que le bateau soit en pleine rivière et ait pris sa marche ordinaire.

§ 4ᵉ.

DES DEVOIRS DU MÉCANICIEN PENDANT LA MARCHE.

Pendant la marche, le mécanicien, lorsqu'il ne conduit pas lui-même la machine, ne doit cependant quitter le local de l'appareil moteur que pendant de courts intervalles ; il doit constamment surveiller la conduite et les manœuvres des chauffeurs ou aides qui sont sous ses ordres.

Il doit conduire lui-même la machine lorsque le bateau s'arrête pour prendre ou débarquer des passagers ou des marchandises transportés sur des batelets.

S'il arrive que le bateau s'engage dans un banc de sable, le mécanicien fera fonctionner la machine, avec les plus grandes précautions, dans le sens indiqué par le capitaine, et se gardera bien de surcharger les soupapes pour augmenter la tension de la vapeur. Un bateau fortement engravé ne peut pas être dégagé par la machine. L'équipage doit agir avec des gaffes qui s'appuient sur le fond de la rivière, et, quand ce moyen ne suffit pas, il faut alléger le bateau et recourir à des chevaux de halage ou à un bateau remorqueur. Pendant que le bateau est ainsi arrêté, le mécanicien doit ralentir l'activité du feu, ouvrir une issue à la vapeur par une des soupapes, alimenter la chaudière, et se conduire en tout comme il sera dit ci-après, en parlant des stationnements du bateau.

Si la force de la machine est insuffisante pour remonter un courant trop rapide, le mécanicien ne doit pas forcer la tension de la vapeur pour surmonter l'obstacle qu'il rencontre ; il ne doit pas non plus forcer la tension pour gagner de vitesse un autre bateau.

Le mécanicien vérifiera très-fréquemment la situation du niveau de l'eau dans chacun des tubes indicateurs en verre qui sont placés aux deux côtés de la face antérieure de la chaudière. S'il s'apercevait que le bateau a pris une position assez inclinée pour que les parois des carneaux ou conduits de la flamme et de la fumée situés sur un des côtés, fussent relevées au-dessus de la surface de l'eau dans l'intérieur de la chaudière, il préviendrait immédiatement le capitaine qui devrait faire redresser le bateau, soit en déplaçant une partie du chargement, soit en invitant les passagers à se transporter sur le côté du bateau qui est relevé.

S'il venait à reconnaître que le niveau moyen de l'eau dans la chaudière est descendu par une circonstance fortuite au-dessous de la partie supérieure des carneaux ou conduits de la flamme et de la fumée, il ouvrirait immédiatement les portes du foyer, pour ralentir la combustion et faire tomber la flamme ; il se garderait de soulever les soupapes de sûreté, préviendrait le capitaine et laisserait les portes du foyer ouvertes, sans charger du combustible frais sur la grille, jusqu'à ce que l'alimentation eût ramené le niveau de l'eau, dans l'intérieur de la chaudière, à sa hauteur habituelle.

Le mécanicien doit inscrire, d'heure en heure, sur le registre à ce destiné :

1° La hauteur du manomètre ;

2° La hauteur de l'eau dans la chaudière, relativement à la *ligne d'eau ;*

3° Le lieu où se trouve le bateau.

Il signe à la fin de chaque voyage ces indications, dont il certifie l'exactitude.

§ 5°.

DES STATIONS OU ESCALES.

Aux approches des points de stationnement, le mécanicien doit prendre lui-même la conduite de la machine.

Aussitôt qu'elle cesse de fonctionner, il doit ouvrir les portes du foyer pour ralentir l'activité de la combustion ; si la tension de la vapeur dans la chaudière approche de la limite qu'elle ne doit pas dépasser, et qui est accusée par le manomètre ou par le soulèvement des soupapes, il ouvrira l'une des soupapes, et la tiendra soulevée, pour donner à la vapeur une libre issue, jusqu'à ce que la tension de la vapeur, accusée par le manomètre, soit descendue fort au-dessous de sa limite supérieure ; il fera en même temps alimenter la chaudière, au moyen de la pompe auxiliaire, mue par une petite machine particulière ou manœuvrée à bras, afin que la chaudière soit remplie d'eau jusqu'à la hauteur de la ligne d'eau tracée extérieurement sur le massif du fourneau ; il vérifiera, par l'inspection du niveau de l'eau, dans les deux tubes indicateurs en verre, si le bateau est droit dans le sens transversal, et, dans le cas où il serait assez fortement incliné d'un côté pour que l'eau laissât un des carneaux au-dessus de son niveau, il fera prévenir le capitaine.

Quelques instants avant le départ, il fermera la soupape quand elle sera restée ouverte, poussera le feu pour faire monter la tension de la vapeur, disposera tout pour être prêt à manœuvrer, et mettra enfin la machine en jeu, sur l'ordre donné par le capitaine.

§ 6°.

DE L'ARRIVÉE.

En approchant du point d'arrivée du bateau, le mécanicien prendra lui-même la conduite de la machine.

Après l'arrivée au port, il présidera au nettoyage des grilles et à l'extinction des feux. Avant de quitter le local de la machine, il s'assurera que les feux sont bien éteints, qu'il n'existe aucun danger d'incendie et que tout est parfaitement en ordre dans ce local.

Paris, le 25 juillet 1843.

Le Ministre Secrétaire d'État des travaux publics,

J. B. TESTE.

DÉCRET IMPÉRIAL DU 25 JANVIER 1865·

RAPPORT A L'EMPEREUR

SUR LA

FABRICATION ET L'ÉTABLISSEMENT

DES

MACHINES ET CHAUDIÈRES A VAPEUR

Sire,

Dans le grand travail de révision auquel, d'après les ordres de Votre Majesté, ont dû être soumis les divers règlements qui régissent l'industrie, les machines à vapeur ne pouvaient être oubliées. La vapeur est aujourd'hui l'agent presque universel de l'industrie. A l'exception des usines établies sur des cours d'eau, il n'y en a en quelque sorte pas une seule qui n'ait la vapeur pour force motrice, et en dehors des établissements industriels proprement dits, nous la retrouvons donnant le mouvement aux vaisseaux de guerre et de commerce, ainsi qu'aux locomotives des chemins de fer. Chaque jour augmente le nombre des machines à vapeur existant en France. En 1850, il y en avait 6,832 ; en 1863, le nombre s'élevait à 22,516 représentant une force de 617,890 chevaux-vapeur ou de 1,853,670 chevaux de trait, ou encore de 12,975,690 hommes de peine, c'est-à-dire supérieure à celle de tous les hommes en état de travailler qui existent dans le pays.

La vapeur est donc, ainsi qu'on l'a dit si justement, une puissance de premier ordre; mais on doit reconnaître que c'est une puissance qui a ses dangers, et que l'on ne doit en faire usage qu'avec certaines précautions dont l'oubli peut occasionner les plus funestes conséquences.

L'on s'explique donc qu'à l'époque où la machine à vapeur était encore peu connue, et le nombre des hommes en état de la conduire peu considérable, l'on ait assujetti l'emploi de ces machines à des prescriptions nombreuses et sévères, de nature à prévenir les accidents : c'est ainsi que, dès l'année 1810, elle a été rangée parmi les établissements insalubres et incommodes ; c'est ainsi que plus tard, et sous l'impression d'accidents qui avaient coûté la vie à un grand nombre de personnes, ont été successivement rendues, en 1823, en 1828, 1829 et 1830, diverses ordonnances déterminant les mesures de sûreté auxquelles devait être subordonné l'emploi de la vapeur, et, en dernier lieu, l'ordonnance du 22 mai 1843, qui régit encore aujourd'hui la matière et qui a constitué un véritable progrès sur les règlements antérieurs.

Mais le temps a marché; l'industrie de la construction des machines a fait les plus remarquables progrès ; la vapeur s'applique aujourd'hui dans une foule de circonstances où l'on ne supposait pas qu'elle dût jamais trouver sa place. Les appareils destinés à la recevoir se transforment de mille manières, en raison des usages variés auxquels ils sont destinés; les matériaux eux-mêmes dont les appareils sont formés se fabriquent de nos jours dans des conditions de qualité et de prix auxquelles on n'avait pas encore atteint; enfin, les ouvriers propres à la conduite des machines sont plus expérimentés et plus nombreux; de là résulte que l'administration, pour suivre l'industrie dans ses progrès, a dû, usant de la faculté que le règlement lui-même lui conférait, accorder certaines dérogations aux conditions de sûreté que ce règlement prescrivait.

Mais ces concessions limitées et partielles étaient devenues insuf-

fisantes, et chaque jour révélait l'utilité de modifications essentielles dans les règlements actuels ; ces modifications ont été mises à l'étude ; l'administration a ouvert sur toute la surface de l'empire une vaste enquête ; les ingénieurs chargés de la surveillance, les préfets, les constructeurs, les industriels ont été consultés. Les résultats de cette enquête ont été analysés et discutés avec le soin le plus scrupuleux par la commission centrale des machines à vapeur instituée près de mon département. A la suite de délibérations approfondies, cette commission a proposé un règlement nouveau qui dégage l'industrie d'entraves devenues inutiles. Le conseil d'Etat a adopté ce nouveau règlement, et je viens à mon tour, Sire, le soumettre avec confiance à la haute sanction de Votre Majesté, après y avoir introduit, sous son inspiration directe, quelques modifications de détail destinées à le rendre encore plus simple et plus libéral.

Qu'il me soit permis d'indiquer en peu de mots à Votre Majesté les points principaux sur lesquels le nouveau règlement diffère du règlement actuel.

Aujourd'hui, toutes les pièces, en quelque sorte, d'une machine à vapeur, sont réglementées ; non-seulement les chaudières et les tubes dans lesquels la vapeur se produit sont soumis à des épreuves pour constater la résistance du métal dont ils se composent, mais encore toutes les pièces qui sont destinées seulement à contenir la vapeur produite, les cylindres en fonte des machines, les enveloppes mêmes de ces cylindres, doivent subir ces épreuves ; pour le fer, l'acier ou le cuivre, l'épreuve est du triple de la pression à laquelle la vapeur doit fonctionner ; pour la fonte, cette épreuve atteint jusqu'au quintuple.

Ce n'est pas tout : le constructeur, quel que soit le métal qu'il doive employer, que ce soit du fer de qualité ordinaire ou de l'acier le plus solide, est assujetti à des conditions d'épaisseur dans lesquelles il doit obligatoirement se renfermer ; en un mot, il n'a, pour ainsi dire, aucune liberté dans le choix des matériaux qu'il emploie, dans l'agencement des pièces qui doivent composer la machine, et si, depuis longtemps déjà, l'administration n'avait, ainsi que je l'ai dit déjà, tempéré la rigueur des règlements, l'industrie eût été paralysée dans son essor, au grand préjudice de l'intérêt général.

La machine est construite ; elle a été vérifiée dans ses parties essentielles ; sa chaudière, ses cylindres ont été éprouvés et poinçonnés par les ingénieurs chargés de la surveillance ; ces ingénieurs ont constaté qu'elle est munie de tous les appareils de sûreté 'prescrits par les règlements : il s'agit maintenant d'en faire l'emploi, et c'est alors que commence une nouvelle série de formalités.

Les machines à vapeur sont rangées, je l'ai dit, parmi les établissements insalubres et incommodes ; elles ne peuvent dès lors être autorisées qu'après une enquête dans laquelle sont entendus les intéressés ; à la suite de l'enquête, les ingénieurs se rendent sur les lieux, le plan à la main, pour constater si les conditions d'emplacement et de distance soit aux habitations voisines, soit à la voie publique, sont observées ; sur leur rapport-enfin, l'autorisation est accordée, s'il y a lieu, par un arrêté du préfet, qui détermine les mesures de détail auxquelles le permissionnaire est tenu de se conformer.

Ajoutons que les arrêtés pris par les préfets peuvent être attaqués par les tiers devant la juridiction contentieuse, et l'on verra de suite combien la législation actuelle, par les pertes de temps qu'elle impose à l'industrie, lui apporte de gêne et de préjudice.

Sans doute, si ce mécanisme compliqué était nécessaire pour garantir la sécurité publique, comme il pouvait l'être il y a peu d'années encore, il faudrait s'y résigner ; mais aujourd'hui la machine à vapeur est tellement entrée dans les habitudes et dans les nécessités de l'industrie, qu'on peut, sans inconvénient pour l'intérêt général, supprimer plusieurs des obligations préventives qui ont été jusqu'ici imposées aux industriels.

C'est dans cet ordre d'idées qu'a été conçu le règlement nouveau : il maintient l'épreuve pour les chaudières, mais il la supprime pour les cylindres et autres pièces accessoires ; de plus, il réduit l'épreuve au double de la pression effective de la vapeur dans la chaudière, tandis qu'elle est triple aujourd'hui de cette pression, et en outre, **au delà d'une pression de six atmosphères, il admet que la charge** d'épreuve ne dépasse dans aucun cas le double de cette pression.

Quant à l'exécution même de la chaudière, à la nature et à la qualité des matériaux employés, à l'épaisseur des parois, elles seront laissées désormais à la disposition du constructeur sous sa responsabilité.

En ce qui concerne les machines elles-mêmes, elles seront à l'avenir dispensées de l'autorisation préalable, en d'autres termes elles seront déclassées comme établissements insalubres et incommodes; il suffira d'une simple déclaration faite au préfet du département : le règlement lui-même détermine les conditions diverses auxquelles le propriétaire est tenu de se conformer, et chacun dès lors, pourvu qu'il exécute ces conditions, est en droit d'établir chez lui une machine à vapeur sans avoir besoin de réclamer un arrêté préfectoral qui ne pouvait, malgré toute la célérité possible, intervenir le plus souvent qu'après un délai de plusieurs mois.

Enfin, les conditions mêmes imposées d'une manière générale aux propriétaires d'appareils à vapeur offrent de notables adoucissements sur la situation actuelle.

Dans le régime en vigueur, les chaudières sont divisées, au point de vue des dangers qu'elles peuvent présenter pour le voisinage, en plusieurs catégories, qu'on obtient en multipliant leur capacité totale par le chiffre de la pression de la vapeur dans leur intérieur. La première catégorie comprend les chaudières dans lesquelles le produit de la capacité par la tension excède 15; la seconde celles où le produit varie entre 7 et 15; la troisième celles où il varie de 3 à 7, et le quatrième enfin celles où il n'excède pas 3.

Les chaudières de première catégorie ne peuvent être établies dans aucune maison d'habitation ni dans aucun atelier, sauf, par exception, pour un atelier, le cas où la chaleur des foyers de cet atelier pourrait être utilisée au chauffage des chaudières.

Toutes les fois qu'il y a moins de 10 mètres de distance entre une chaudière de première catégorie et les maisons d'habitation ou la voie publique, il faut construire un mur de défense d'un mètre au moins d'épaisseur, dont le préfet règle la longueur et la hauteur pour chaque cas particulier. Ce magistrat détermine en même temps, s'il y a lieu, la direction de l'axe de la chaudière.

Pour les chaudières de seconde catégorie, elles ne peuvent être placées dans un atelier que lorsque cet atelier ne fait pas partie d'une maison d'habitation ou d'une fabrique à plusieurs étages : si elles sont à moins de 5 mètres de distance, soit des maisons d'habitation, soit de la voie publique, il y a là encore l'obligation du mur de défense d'un mètre d'épaisseur, sans préjudice des autres conditions à régler par le préfet comme pour les chaudières de première catégorie.

Les chaudières de la troisième catégorie ne peuvent être également placées dans un atelier que lorsque cet atelier ne fait pas partie d'une maison d'habitation, mais le mur de défense n'est pas exigé.

Enfin, pour les chaudières de la quatrième catégorie, elles ne sont assujetties à aucune restriction spéciale qui mérite d'être mentionnée.

Dans le nouveau règlement, l'interdiction d'établir une chaudière de première catégorie dans une maison d'habitation est maintenue, mais elle ne subsiste plus pour les ateliers qu'autant qu'ils sont surmontés d'étages, et on ne considérera pas comme un étage au-dessus de l'emplacement de la chaudière une construction légère dans laquelle ne se fera aucune élaboration exigeant la présence d'employés ou d'ouvriers à poste fixe.

Pour ces mêmes chaudières, le nouveau règlement décide d'une manière absolue qu'on ne pourra les établir à moins de 3 mètres de distance d'une maison d'habitation appartenant à des tiers, mais il ne stipule rien pour la voie publique, et de plus, au delà de 3 mètres, il ne prescrit la construction d'un mur de défense que dans certains cas où la sûreté du voisinage est plus spécialement intéressée.

Au delà de 10 mètres, l'établissement des chaudières de première catégorie n'est plus assujetti à aucune condition particulière.

Les chaudières de seconde catégorie pourront être désormais placées dans l'intérieur de tout atelier, et sans aucune condition de mur de défense, pourvu que l'atelier ne fasse pas partie d'une maison habitée par d'autres que le manufacturier, sa famille, ses employés, ouvriers ou serviteurs.

Les chaudières de troisième catégorie enfin peuvent être établies dans un atelier quelconque, même faisant partie d'une maison habitée par des tiers.

Il suffit sans doute, Sire, du simple énoncé qui précède pour montrer toute l'étendue de la liberté que le nouveau règlement laisse à l'industriel; il n'aura plus à subir ces longs délais qu'exige toujours, quoi qu'on fasse, une instruction administrative, il trouvera dans le règlement lui-même les conditions qu'il doit remplir, et l'exécution lui en sera laissée sous sa responsabilité et sous la réserve d'une simple déclaration à faire au préfet; il était impossible d'aller plus loin sans abandonner cet autre intérêt que le Gouvernement ne doit jamais négliger, celui de la sécurité publique.

Quant aux détails du règlement en lui-même, j'ai peu de chose à en dire : il se divise en quatre titres.

Le premier traite des épreuves auxquelles les chaudières devront être soumises : il indique comment ces épreuves devront se faire et quelle en sera la charge.

Il définit, en outre, les divers appareils de sûreté dont les chaudières devront être munies (art. 5 à 9).

Ces appareils ne diffèrent pas, quant à leur nature, de ceux qui sont en usage aujourd'hui; mais, tandis que le règlement actuel en fixait les dimensions, les détails d'exécution et d'emploi de la manière la plus minutieuse, le règlement nouveau se borne à indiquer, au moins pour la plupart de ces appareils, les conditions générales auxquelles ils doivent satisfaire, et laisse l'industriel libre de les construire, disposer et employer comme il voudra, pourvu que le but auquel ils doivent satisfaire soit atteint.

Le titre II règle la forme et les conditions de la déclaration à faire par celui qui veut établir à demeure une chaudière à vapeur. Cette déclaration, faite au préfet (art. 10), doit contenir les indications nécessaires pour permettre à l'autorité et aux ingénieurs chargés de la surveillance de constater si les chaudières sont toujours dans les conditions réglementaires; ces indications ne se rapportent d'ailleurs qu'à des faits que le propriétaire ne peut pas ignorer, et par suite il lui sera toujours facile de les fournir.

Le titre II règle également les conditions que doit remplir toute chaudière à vapeur vis-à-vis du voisinage, et c'est là évidemment la partie la plus importante du nouveau règlement, puisque c'est elle qui doit faire, par des dispositions générales applicables à tous les cas, ce que faisait dans chaque cas particulier l'arrêté du préfet, en vue de sauvegarder la sécurité publique et les intérêts des propriétés voisines des machines à vapeur.

J'ai d'ailleurs, dans la première partie de ce rapport, indiqué les conditions spéciales applicables aux chaudières de chaque catégorie, et je n'ai plus besoin d'y revenir ici.

Qu'il me soit permis seulement de signaler à Votre Majesté la disposition (art. 18) d'après laquelle les conditions d'emplacement fixées par le règlement cessent d'être obligatoires lorsque les tiers intéressés renoncent à s'en prévaloir, et celle (art. 19) qui oblige à munir les chaudières de toute catégorie d'un appareil fumivore d'une efficacité suffisante. L'inconvénient de la fumée est celui qui est le plus incommode aux voisins, et depuis assez longtemps déjà l'administration est dans l'usage de prescrire, à tous ceux qui veulent établir des machines à vapeur, de brûler la fumée de leurs foyers; il existe aujourd'hui divers appareils qui réalisent, au moins d'une manière approximative et à peu de frais, ce grand avantage; il est juste d'en faire jouir le public d'une manière générale au moment où l'on accorde à l'industrie des facilités aussi larges que celles qui doivent résulter du nouveau règlement.

Il paraît équitable toutefois d'accorder un certain délai pour se mettre en règle, quant à l'emploi d'un appareil fumivore, aux propriétaires de chaudières à vapeur auxquels cette condition n'aurait pas été imposée par leur acte d'autorisation; un paragraphe spécial est ajouté à cet effet à l'article 19 ; le délai qu'il concède aux usiniers est de six mois.

Le titre III énonce les dispositions auxquelles doivent satisfaire les machines locomobiles et les machines locomotives. Les prescriptions qui concernent les locomobiles ne diffèrent pas sensiblement de celles qui sont édictées par les règlements actuels, et quant aux locomotives, on se réfère purement et simplement aux règlements d'administration publique qui règlent les conditions de la circulation de ces machines sur les chemins de fer. Il est seulement ajouté à l'article relatif aux locomotives un paragraphe qui prévoit le cas où elles viendraient ultérieurement à circuler sur les routes de terre; ce cas échéant, les conditions de cette circulation seraient fixées par un règlement spéc 1.

Le titre IV, enfin, désigne les fonctionnaires et agents de divers ordres qui seront chargés de la surveillance des chaudières à vapeur; il indique les mesures à observer en cas d'accident, de telle façon que la justice puisse être ainsi à même de constater à qui doit en remonter la responsabilité.

Telles sont, Sire, les dispositions principales de la nouvelle réglementation qui me paraît devoir être adoptée pour les chaudières à vapeur , elles ouvrent pour l'industrie une ère de liberté et de progrès, tout en satisfaisant dans la mesure du nécessaire à ce qu'exige la sûreté publique, et je prie d'ailleurs Votre Majesté de vouloir bien remarquer que ces dispositions ne concernent que les chaudières autres que celles qui sont placées sur des bateaux. Pour ces dernières, il pourra y avoir lieu sans doute de modifier en quelques points les règlements actuels; mais, à raison de la destination principale des bateaux à vapeur, qui est le transport des personnes, et de la gravité des accidents dont, par là même, ils peuvent être le théâtre, il est impossible de ne pas les astreindre à des mesures de précautions spéciales.

Tout ce qui les concerne doit donc faire l'objet d'un examen particulier dont j'aurai ultérieurement à placer les résultats sous les yeux de Votre Majesté.

Je suis, avec un profond respect,

Sire,

De Votre Majesté,

Le très-humble et très-obéissant serviteur et fidèle sujet.

Le Ministre de l'agriculture,
du commerce et des travaux publics,

Armand BÉHIC.

—

DÉCRET IMPÉRIAL

RELATIF AUX CHAUDIÈRES A VAPEUR AUTRES QUE CELLES QUI SONT PLACÉES A BORD DES BATEAUX

(Du 25 janvier 1865. — Promulgué le 18 février 1865.)

NAPOLÉON, par la grâce de Dieu et la volonté nationale, Empereur des Français,

A tous présents et à venir, salut.

Sur le rapport de notre ministre secrétaire d'Etat au département de l'agriculture, du commerce et des travaux publics ;

Vu l'ordonnance royale du 22 mai 1843, relative aux machines et chaudières à vapeur autres que celles qui sont placées sur des bateaux ;

Vu les rapports de la Commission centrale des machines à vapeur établie près du ministère de l'agriculture, du commerce et des travaux publics ;

Notre conseil d'Etat entendu ;

Avons décrété et décrétons ce qui suit :

ARTICLE PREMIER.

Sont soumises aux formalités et aux mesures prescrites par le présent décret les chaudières fermées destinées à produire la vapeur, autres que celles qui sont placées à bord des bateaux.

TITRE PREMIER

Dispositions relatives à la fabrication, à la vente et à l'usage des chaudières fermées destinées à produire de la vapeur.

ART. 2.

Aucune chaudière neuve ou ayant déjà servi ne peut être livrée par celui qui l'a construite, réparée ou vendue, qu'après avoir subi l'épreuve prescrite ci-après.

Cette épreuve est faite chez le constructeur ou chez le vendeur, sur sa demande, sous la direction des ingénieurs des mines ou, à leur défaut, des ingénieurs des ponts et chaussées, ou des agents sous leurs ordres.

Les épreuves des chaudières venant de l'étranger sont faites, avant la mise en service, au lieu désigné par le destinataire dans sa demande.

ART. 3.

L'épreuve consiste à soumettre la chaudière à une pression effective double de celle qui ne doit pas être dépassée dans le service, toutes les fois que celle-ci est comprise entre un demi-kilogramme et six kilogrammes par centimètre carré inclusivement.

La surcharge d'épreuve est constante et égale à un demi-kilogramme par centimètre carré pour les pressions inférieures, et à six kilogrammes par centimètre carré pour les pressions supérieures aux limites ci-dessus.

L'épreuve est faite par pression hydraulique.

La pression est maintenue pendant le temps nécessaire à l'examen de toutes les parties de la chaudière.

Art. 4.

Après qu'une chaudière ou partie de chaudière a été éprouvée avec succès, il y est apposé un timbre indiquant en kilogrammes, par centimètre carré, la pression effective que la vapeur ne doit pas dépasser. Les timbres sont placés de manière à être toujours apparents après la mise en place de la chaudière.

Ils sont poinçonnés par l'agent chargé d'assister à l'épreuve.

Art. 5.

Chaque chaudière est munie de deux soupapes de sûreté chargées de manière à laisser la vapeur s'écouler avant que sa pression effective atteigne, ou, tout au moins, dès qu'elle atteint la limite maximum indiquée par le timbre dont il est fait mention à l'article précédent.

Chacune des soupapes offre une section suffisante pour maintenir à elle seule, quelle que soit l'activité du feu, la vapeur dans la chaudière à un degré de pression qui n'excède, dans aucun cas, la limite ci-dessus.

Le constructeur est libre de répartir, s'il le préfère, la section totale d'écoulement nécessaire des deux soupapes réglementaires entre un plus grand nombre de soupapes.

Art. 6.

Toute chaudière est munie d'un manomètre en bon état, placé en vue du chauffeur, disposé et gradué de manière à indiquer la pression effective de la vapeur dans la chaudière. Une ligne très-apparente marque sur l'échelle le point que l'index ne doit pas dépasser.

Un seul manomètre peut servir pour plusieurs chaudières ayant un réservoir de vapeur commun.

Art. 7.

Toute chaudière est munie d'un appareil d'alimentation d'une puissance suffisante et d'un effet certain.

Art. 8.

Le niveau que l'eau doit avoir habituellement dans chaque chaudière doit dépasser d'un décimètre au moins la partie la plus élevée des carneaux, tubes ou conduits de la flamme et de la fumée dans le fourneau.

Ce niveau est indiqué par une ligne tracée d'une manière très-apparente sur les parties extérieures de la chaudière et sur le parement du fourneau.

La prescription énoncée au paragraphe 1er du présent article ne s'applique point :

1° Aux surchauffeurs de vapeur distincts de la chaudière ;

2° A des surfaces relativement peu étendues et placées de manière à ne jamais rougir, même lorsque le feu est poussé à son maximum d'activité, telles que la partie supérieure des plaques tubulaires des boîtes à fumée dans les chaudières de locomotives, ou encore telles que les tubes ou parties de cheminées qui traversent le réservoir de vapeur, en envoyant directement à la cheminée principale les produits de la combustion ;

3° Aux générateurs dits à production de vapeur instantanée et à tous autres qui contiennent une trop petite quantité d'eau pour qu'une rupture puisse être dangereuse.

Le Ministre de l'agriculture, du commerce et des travaux publics peut, en outre, sur le rapport des ingénieurs et l'avis du préfet, accorder dispense de ladite prescription dans tous les cas où, à raison soit de la forme ou de la faible dimension des générateurs, soit de la position spéciale des pièces contenant de la vapeur, il serait reconnu que la dispense ne peut pas avoir d'inconvénients.

Art. 9.

Chaque chaudière est munie de deux appareils indicateurs du niveau de l'eau, indépendants l'un de l'autre et placés en vue du chauffeur.

L'un de ces deux indicateurs est un tube en verre disposé de manière à pouvoir être facilement nettoyé et remplacé au besoin.

TITRE II

Dispositions relatives à l'établissement des chaudières à vapeur placées à demeure.

Art. 10.

Les chaudières à vapeur destinées à être employées à demeure ne peuvent être établies qu'après une déclaration au préfet du département. Cette déclaration est enregistrée à sa date. Il en est donné acte.

Art. 11.

La déclaration fait connaître :

1° Le nom et le domicile du vendeur des chaudières ou leur origine ;

2° La commune et le lieu précis où elles sont établies ;

3° Leur forme, leur capacité et leur surface de chauffe ;

4° Le numéro du timbre exprimant en kilogrammes, par centimètre carré, la pression effective maximum sous laquelle elles doivent fonctionner ;

5° Enfin, le genre d'industrie et l'usage auxquels elles sont destinées.

Art. 12.

Les chaudières sont distinguées en trois catégories.

Cette classification est basée sur la capacité de la chaudière et sur la tension de la vapeur.

On exprime en mètres cubes la capacité de la chaudière avec ses tubes bouilleurs ou réchauffeurs, mais sans y comprendre les surchauffeurs de vapeur; on multiplie ce nombre par le numéro du timbre augmenté d'une unité. Les chaudières sont de la première catégorie quand le produit est plus grand que quinze; dans la deuxième, si ce même produit surpasse cinq et n'excède pas quinze; dans la troisième, s'il n'excède pas cinq.

Si plusieurs chaudières doivent fonctionner ensemble dans un même emplacement, et si elles ont entre elles une communication quelconque, directe ou indirecte, on prend pour former le produit comme il vient d'être dit la somme des capacités de ces chaudières.

Art. 13.

Les chaudières comprises dans la première catégorie doivent être établies en dehors de toute maison et de tout atelier surmonté d'étages.

N'est point considéré comme un étage au-dessus de l'emplacement d'une chaudière une construction légère dans laquelle les matières ne sont l'objet d'aucune élaboration nécessitant la présence d'employés ou ouvriers travaillant à poste fixe.

Dans ce cas, le local ainsi utilisé est séparé des ateliers contigus par un mur ne présentant que les passages nécessaires pour le service.

Art. 14.

Il est interdit de placer une chaudière de première catégorie à moins de trois mètres de distance du mur d'une maison d'habitation appartenant à des tiers.

Si la distance de la chaudière à la maison est plus grande que trois mètres et moindre que dix mètres, la chaudière doit être généralement installée de façon que son axe longitudinal prolongé ne rencontre pas le mur de ladite maison, ou que, s'il le rencontre, l'angle compris entre cet axe et le plan du mur soit inférieur au dixième d'un angle droit.

Dans le cas où la chaudière n'est pas installée dans les conditions ci-dessus, la maison doit être garantie par un mur de défense.

Ce mur, en bonne et solide maçonnerie, a un mètre au moins d'épaisseur en couronne. Il est distinct du parement du fourneau de la chaudière et du mur de la maison voisine, et est séparé de chacun d'eux par un intervalle libre de trente centimètres de largeur au moins.

Sa hauteur dépasse de un mètre la partie la plus élevée du corps de la chaudière, quand il est à une distance de celle-ci comprise entre trente centimètres et trois mètres. Si la distance est plus grande que trois mètres, l'excédant de hauteur est augmenté en proportion de la distance, sans toutefois excéder deux mètres.

Enfin, la situation et la longueur du mur sont combinées de manière à couvrir la maison voisine dans toutes les parties qui se trouvent à la fois au-dessous de la crête dudit mur, d'après la hauteur fixée ci-dessus, et à une distance moindre que dix mètres d'un point quelconque de la chaudière.

L'établissement d'une chaudière de première catégorie à la distance de dix mètres ou plus des maisons d'habitation n'est assujetti à aucune condition particulière.

Les distances de trois mètres et de dix mètres fixées ci-dessus sont réduites respectivement à un mètre cinquante et cinq mètres lorsque la chaudière est enterrée de façon que la partie supérieure de ladite chaudière se trouve à un mètre au moins en contre-bas du sol, du côté de la maison voisine.

Art. 15.

Les chaudières comprises dans la deuxième catégorie peuvent être placées dans l'intérieur de tout atelier, pourvu que l'atelier ne fasse pas partie d'une maison habitée par des personnes autres que le manufacturier, sa famille et ses employés, ouvriers et serviteurs.

Art. 16.

Les chaudières de troisième catégorie peuvent être établies dans un atelier quelconque, même lorsqu'il fait partie d'une maison habitée par des tiers.

Art. 17.

Les fourneaux des chaudières comprises dans la deuxième et la troisième catégorie sont entièrement séparés des maisons d'habitation appartenant à des tiers ; l'espace vide est de un mètre pour les chaudières de la deuxième catégorie, et de cinquante centimètres pour les chaudières de la troisième.

Art. 18.

Les conditions d'emplacement établies par les articles 14 et 17 ci-dessus cessent d'être obligatoires, lorsque les tiers intéressés renoncent à s'en prévaloir.

Art. 19.

Le foyer des chaudières de toute catégorie doit brûler sa fumée.

Un délai de six mois est accordé pour l'exécution de la disposition qui précède aux propriétaires de chaudières auxquels l'obligation de brûler leur fumée n'a point été imposée par l'acte d'autorisation.

Art. 20.

Si, postérieurement à l'établissement d'une chaudière, un terrain contigu vient à être affecté à la construction d'une maison d'habitation, le propriétaire de ladite maison a le droit d'exiger l'exécution des mesures prescrites par les articles 14 et 17 ci-dessus, comme si la maison eût été construite avant l'établissement de la chaudière.

Art. 21.

Indépendamment des mesures générales de sûreté prescrites

au titre Ier de la déclaration [prévue par les articles 10 et 11 du titre II, les chaudières à vapeur fonctionnant dans l'intérieur des mines sont soumises aux conditions spéciales fixées par les lois et règlements concernant l'exploitation des mines.

TITRE III.

Dispositions relatives aux chaudières des machines locomobiles et locomotives.

ART. 22.

Sont considérées comme locomobiles les machines à vapeur qui peuvent être transportées facilement d'un lieu dans un autre, n'exigent aucune construction pour fonctionner sur un point donné et ne sont effectivement employées que d'une manière temporaire à chaque station.

ART. 23.

Les chaudières des machines locomobiles sont soumises aux mêmes épreuves et munies des mêmes appareils de sûreté que les générateurs établis à demeure; toutefois, elles peuvent n'avoir qu'un seul tube indicateur du niveau de l'eau en verre. Elles portent, en outre, une plaque sur laquelle sont gravés, en lettres très-apparentes, le nom du propriétaire, son domicile et un numéro d'ordre si le propriétaire en possède plusieurs.

Elles sont l'objet d'une déclaration adressée au préfet du département où est le domicile du propriétaire de la machine.

ART. 24.

Aucune locomobile ne peut être employée sur une propriété particulière, à moins de 5 mètres de tout bâtiment d'habitation et de tout amas découvert de matières inflammables appartenant à des tiers, sans le consentement formel de ceux-ci.

Le fonctionnement des locomobiles sur la voie publique est régi par les règlements de police locaux.

Art. 25.

Les machines à vapeur locomotives sont celles qui, sur terre, travaillent en même temps qu'elles se déplacent par leur propre force.

Art. 26.

Les dispositions de l'article 23 sont applicables aux chaudières des machines locomotives.

Art. 27.

La circulation des locomotives sur les chemins de fer a lieu dans les conditions déterminées par des règlements d'administration publique.

Un règlement spécial fixera, s'il y a lieu, les conditions relatives à la circulation des locomotives sur les routes autres que les chemins de fer.

TITRE IV

Dispositions générales.

Art. 28.

Les ingénieurs des mines, ou, à leur défaut, les ingénieurs des ponts et chaussées, ainsi que les agents sous leurs ordres commissionnés à cet effet, sont chargés, sous la direction des préfets et avec le concours des autorités locales, de la surveillance relative à l'exécution des mesures prescrites par le présent décret.

Art. 29.

Les contraventions au présent règlement sont constatées, poursuivies et réprimées, conformément à la loi du 21 juillet 1856, sans préjudice de la responsabilité civile que les contrevenants peuvent encourir, aux termes des articles 1382 et suivants du Code Napoléon.

Art. 30.

En cas d'accident ayant occasionné la mort ou des blessures graves, le propriétaire ou le chef de l'établissement doit prévenir immédiatement l'autorité chargée de la police locale et l'ingénieur chargé de la surveillance.

L'autorité chargée de la police locale se transporte sur les lieux et dresse un procès-verbal, qui est transmis au préfet et au procureur impérial.

L'ingénieur chargé de la surveillance se rend également sur les lieux dans le plus bref délai, pour visiter les chaudières, en constater l'état et rechercher les causes de l'accident. Il adresse sur le tout un rapport au préfet et un procès-verbal au procureur impérial.

En cas d'explosion, les constructions ne doivent point être réparées et les fragments de la chaudière rompue ne doivent point être déplacés ou dénaturés avant la clôture du procès-verbal de l'ingénieur.

Art. 31.

Les chaudières qui dépendent des services spéciaux de l'Etat sont surveillées par les fonctionnaires et agents de ces services.

Leur établissement reste assujetti à la déclaration prévue par l'article 10 et à toutes les conditions d'emplacement et autres qui peuvent intéresser les tiers.

Art. 32.

Les conditions d'emplacement prescrites pour les chaudières à demeure par le présent décret ne sont point applicables aux chaudières pour l'établissement desquelles il aura été satisfait à l'ordonnance royale du 22 mai 1843.

Art. 33.

Les attributions conférées aux préfets des départements par le présent décret sont exercées par le préfet de police dans toute l'étendue de son ressort.

Art. 34.

L'ordonnance royale du 22 mai 1843, relative aux machines et chaudières à vapeur autres que celles qui sont placées sur des bateaux, est rapportée.

Art. 35.

Notre Ministre Secrétaire d'Etat au département de l'agriculture, du commerce et des travaux publics est chargé de l'exécution du présent décret, qui sera inséré au *Bulletin des lois*.

LOI

CONCERNANT LES CONTRAVENTIONS AUX RÈGLEMENTS SUR LES
APPAREILS ET BATEAUX A VAPEUR

(Du 21 juillet 1856. — Promulguée le 26 juillet 1856.)

NAPOLÉON, par la grâce de Dieu et la volonté nationale, EMPEREUR DES FRANÇAIS,

A tous présents et à venir, salut.

AVONS SANCTIONNÉ et SANCTIONNONS, PROMULGUÉ et PROMULGUONS ce qui suit :

LOI

(Extrait du procès-verbal du Corps législatif.)

LE CORPS LÉGISLATIF A ADOPTÉ LE PROJET DE LOI dont la teneur suit :

TITRE PREMIER

Des contraventions relatives à la vente des appareils à vapeur.

ART. 1ᵉʳ.

Est puni d'une amende de cent à mille francs, tout fabricant qui a livré une chaudière fermée, ou toute autre pièce destinée à produire de la vapeur, sans qu'elle ait été soumise aux épreuves exigées par les règlements d'administration publique.

Est puni de la même peine, le fabricant qui, après avoir fait dans ses ateliers des changements ou des réparations notables à une chaudière, ou à toute autre pièce destinée à produire de la vapeur, l'a rendue au propriétaire sans qu'elle ait été de nouveau soumise auxdites épreuves.

Art. 2.

Est puni d'une amende de, vingt-cinq à deux cents francs, tout fabricant qui a livré un cylindre, une enveloppe de cylindre, ou une pièce quelconque destinée à contenir de la vapeur, sans que cette pièce ait été soumise aux épreuves prescrites par lesdits règlements.

TITRE II

Des contraventions relatives à l'usage des appareils à vapeur établis ailleurs que sur les bateaux.

Art. 3.

Est puni d'une amende de vingt-cinq à cinq cents francs, quiconque a fait usage d'une machine ou chaudière à vapeur sur laquelle ne seraient pas appliqués les timbres constatant qu'elle a été soumise aux épreuves et vérifications prescrites par les règlements d'administration publique.

Est puni de la même peine quiconque, après avoir fait faire à une chaudière ou partie de chaudière des changements ou réparations notables, a fait usage de la chaudière modifiée ou réparée sans en avoir donné avis au préfet ou sans qu'elle ait été soumise de nouveau, dans le cas où le préfet l'aurait ordonné, à la pression d'épreuve correspondante au numéro du timbre dont elle est frappée.

Art. 4.

Est puni d'une amende de vingt-cinq à cinq cents francs, quiconque a fait usage d'un appareil à vapeur, sans être muni de l'autorisation exigée par les règlements d'administration publique.

L'amende est de cent à mille francs, si l'appareil à vapeur dont il a été fait usage sans autorisation n'est pas revêtu des timbres mentionnés en l'article précédent.

Néanmoins, l'amende n'est point encourue si, dans le délai de deux mois pour les appareils à placer dans l'intérieur des établissements et de trois mois pour les appareils placés en dehors, il n'a pas été statué par l'administration sur l'autorisation demandée.

ART. 5.

Celui qui continue à se servir d'un appareil à vapeur pour lequel l'autorisation a été retirée ou suspendue en vertu des règlements d'administration publique, est puni d'une amende de cent à deux mille francs, et peut être condamné, en outre, à un emprisonnement de trois jours à un mois.

ART. 6.

Quiconque fait usage d'un appareil à vapeur autorisé sans s'être conformé aux prescriptions qui lui ont été imposées en vertu desdits règlements, en ce qui concerne les appareils de sûreté dont les chaudières doivent être pourvues et l'emplacement de ces chaudières, ou qui continue à en faire usage alors que les appareils de sûreté et les dispositions de local ont cessé de satisfaire à ces prescriptions, est puni d'une amende de vingt-cinq à deux cents francs.

ART. 7.

Le chauffeur ou mécanicien qui a fait fonctionner une machine ou chaudière à une pression supérieure au degré déterminé dans l'acte d'autorisation, ou qui a surchargé les soupapes d'une chaudière, faussé ou paralysé les autres appareils de sûreté, est puni d'une amende de vingt-cinq à cinq cents francs, et peut être, en outre, condamné à un emprisonnement de trois jours à un mois.

Le propriétaire, le chef de l'entreprise, le directeur, le gérant ou le préposé par les ordres duquel a eu lieu la contravention prévue au

présent article, est puni d'une amende de cent à deux mille francs,
et peut être condamné à un emprisonnement de six jours à deux
mois.

TITRE III

Des contraventions relatives aux bateaux à vapeur et aux appareils à vapeur placés sur ces bateaux.

Art. 8.

Est puni d'une amende de cent à deux mille francs, tout propriétaire ou chef d'entreprise qui a fait naviguer un bateau à vapeur
sans un permis de navigation délivré par l'autorité administrative,
conformément aux règlements d'administration publique. ·

Art. 9.

Le propriétaire ou chef d'entreprise qui a continué de faire naviguer un bateau à vapeur dont le permis a été suspendu ou retiré en
vertu desdits règlements encourt une amende de quatre cents à
quatre mille francs, et peut être condamné, en outre, à un emprisonnement d'un mois à un an.

Art. 10.

Est puni d'une amende de quatre cents à quatre mille francs, tout
propriétaire de bateau à vapeur ou chef d'entreprise qui fait usage
d'une chaudière non revêtue des timbres constatant qu'elle a été
soumise aux épreuves prescrites par les règlements d'administration
publique, ou qui, après avoir fait faire à une chaudière ou partie de
chaudière des changements ou réparations notables, a fait usage,
hors le cas de force majeure, de la chaudière réparée ou modifiée
sans qu'elle ait été soumise à la pression d'épreuve correspondante
au numéro du timbre dont elle est frappée.

Art. 11.

Est puni d'une amende de deux cents à quatre mille francs, tout propriétaire de bateau à vapeur ou chef d'entreprise qui, après avoir obtenu un permis de navigation, fait naviguer ce bateau sans se conformer aux prescriptions qui lui ont été imposées en vertu des règlements d'administration publique en ce qui concerne les appareils de sûreté dont les chaudières doivent être pourvues, l'emplacement des chaudières et machines, et les séparations entre cet emplacement et les salles destinées aux passagers.

La même peine est applicable dans le cas où le bateau a continué à naviguer après que les appareils de sûreté ou les dispositions du local ont cessé de satisfaire à ces prescriptions.

Art. 12.

Est puni d'une amende de deux cents à deux mille francs, tout propriétaire de bateau à vapeur ou chef d'entreprise qui a confié la conduite du bateau ou de l'appareil moteur à un capitaine ou à un mécanicien non pourvu des certificats de capacité exigés par les règlements d'administration publique.

Art. 13.

Est puni d'une amende de cinquante à cinq cents francs, le capitaine d'un bateau à vapeur si, par suite de sa négligence :

1° La pression de la vapeur dans les chaudières a été portée au-dessus de la limite fixée par le permis de navigation ;

2° Les appareils prescrits, soit pour limiter ou indiquer cette pression, soit pour indiquer le niveau de l'eau dans l'intérieur des chaudières, soit pour alimenter d'eau les chaudières, ont été faussés ou paralysés.

Art. 14.

Est puni d'une amende de cinquante à cinq cents francs, et,

en outre, d'un emprisonnement de trois jours à trois mois, le mécanicien ou chauffeur qui, sans ordre, a surchargé les soupapes, faussé ou paralysé les autres appareils de sûreté.

Lorsque la surcharge des soupapes a eu lieu, hors du cas de force majeure, par l'ordre du capitaine ou du chef de manœuvre qui le remplace, le capitaine ou le chef de manœuvre qui a donné l'ordre est puni d'une amende de deux cents à deux mille francs, et peut être condamné à un emprisonnement de six jours à deux mois.

Art. 15.

Est puni d'une amende de vingt-cinq à deux cent cinquante francs, et d'un emprisonnement de trois jours à un mois, le mécanicien d'un bateau à vapeur qui aura laissé descendre l'eau dans la chaudière au niveau des conduits de la flamme et de la fumée.

Art. 16.

Est puni d'une amende de cinquante à cinq cents francs, le capitaine d'un bateau à vapeur qui a contrevenu aux dispositions des règlements d'administration publique, ou des arrêtés des préfets rendus en vertu de ces règlements, en ce qui concerne :

1° Le nombre des passagers qui peuvent être reçus à bord ;

2° Le nombre et la nature des embarcations, agrès et apparaux dont le bateau doit être pourvu ;

3° Les prescriptions relatives aux embarquements et débarquements, et celles qui ont pour objet d'éviter les accidents au départ, au passage sous les ponts ou à l'arrivée des bateaux, ou de prévenir les abordages.

Art. 17.

Dans le cas où, par inobservation des règlements, le capitaine d'un bateau à vapeur a heurté, endommagé ou mis en péril un autre bateau, il est puni d'une amende de cinquante à cinq cents francs, et peut être condamné, en outre, à un emprisonnement de six jours à trois mois.

ART. 18.

Le propriétaire du bateau à vapeur, le chef d'entreprise ou le gérant par les ordres de qui a lieu l'un des faits prévus par les articles 13, 14 et 16 de la présente loi, est passible de peines doubles de celles qui, conformément auxdits articles, seront appliquées à l'auteur de la contravention.

TITRE IV

Dispositions générales.

ART. 19.

En cas de récidive, l'amende et la durée de l'emprisonnement peuvent être élevées au double du maximum porté dans les articles précédents.

Il y a récidive lorsque le contrevenant a subi, dans les douze mois qui précèdent, une condamnation en vertu de la présente loi.

ART. 20.

Si les contraventions prévues dans les titres II et III de la présente loi ont occasionné des blessures, la peine sera de huit jours à six mois d'emprisonnement et l'amende de cinquante à mille francs; si elles ont occasionné la mort d'une ou plusieurs personnes, l'emprisonnement sera de six mois à cinq ans et l'amende de trois cents à trois mille francs.

ART. 21.

Les contraventions prévues par la présente loi sont constatées par les ingénieurs des mines, les ingénieurs des ponts et chaussées, les gardes-mines, les conducteurs et autres employés des ponts et chaussées et des mines, commissionnés à cet effet, les maires et adjoints, les commissaires de police, et, en outre, pour les bateaux à vapeur, les officiers de port, les inspecteurs et gardes de la navigation, les membres des Commissions de surveillance instituées en exécution des règlements, et les hommes de l'art qui, dans les ports étrangers, auront, en vertu de l'article 49 de l'ordonnance du 17 janvier 1846, été chargés par les consuls ou agents consulaires français de procéder aux visites des bateaux à vapeur.

Art. 22.

Les procès-verbaux dressés en exécution de l'article précédent sont visés pour timbres et enregistrés en pur débet.

Ceux qui ont été dressés par des agents de surveillance et gardes assermentés doivent, à peine de nullité, être affirmés dans les trois jours devant le juge de paix ou le maire, soit du lieu du délit, soit de la résidence de l'agent.

Lesdits procès-verbaux font foi jusqu'à preuve contraire.

Les procès-verbaux qui ont été dressés dans les ports étrangers, par les hommes de l'art désignés en l'article 21 ci-dessus, sont enregistrés à la chancellerie du consulat et envoyés en originaux au Ministre de l'agriculture, du commerce et des travaux publics, afin que les poursuites soient exercées devant les tribunaux compétents.

Art. 23.

L'article 463 du Code pénal est applicable aux condamnations prononcées en exécution de la présente loi.

Délibéré en séance publique, à Paris, le 13 juin 1856.

RÈGLEMENT

POUR LA CIRCULATION DES LOCOMOTIVES

SUR LES ROUTES ORDINAIRES

Circulaire ministérielle du 30 avril 1866.

———

Monsieur le Préfet,

Un certain nombre de demandes ayant été présentées dans ces derniers temps pour obtenir l'autorisation de faire circuler des locomotives sur les routes ordinaires, l'administration s'est occupée de déterminer la forme dans laquelle cette autorisation pourrait être accordée et les conditions auxquelles les permissionnaires devront être assujettis.

Une commission composée des hommes les plus compétents a été chargée d'étudier les dispositions à adopter; j'ai fait ensuite moi-même l'examen des questions auxquelles elles donnaient lieu, et j'ai pris, à la date du 20 avril courant, un arrêté destiné à regler ce qui concerne le nouveau mode de transport. J'ai l'honneur, monsieur le Préfet, de vous adresser ampliation de cet arrêté.

On ne saurait assimiler les machines circulant sur les routes aux autres appareils à vapeur astreints, par le décret du 25 janvier 1865, à une simple déclaration ; le contact direct de ces machines avec le public, l'intérêt de conservation des routes et particulièrement des ouvrages d'art, qui exige une limitation de poids des locomotives, ont fait considérer comme indispensables un examen et une autorisation préalables, et l'article 2 du règlement exige qu'on se pourvoie d'une permission qui sera délivrée par le Préfet, si le service de transport à établir est circonscrit dans un seul département, et par le Ministre de l'agriculture, du commerce et des travaux publics, si le service embrasse plusieurs départements.

L'instruction doit d'ailleurs être très-sommaire. La locomotive reconnue apte au service sera autorisée à circuler aux conditions générales posées dans le règlement; il y aura seulement à examiner les limites de poids que comporte son itinéraire, et c'est à ce point de vue que l'affaire devra être traitée par les ingénieurs pour les routes impériales et départementales, et par les agents voyers pour les chemins vicinaux (art. 4 du règlement).

L'arrêté d'autorisation déterminera les conditions particulières auxquelles le permissionnaire sera soumis, indépendamment des prescriptions générales du règlement, et fixera notamment le maximum de la charge par essieu de locomotive et de la longueur du convoi (art. 5). La charge pourra être portée à 8,000 kilogrammes, et la longueur du convoi à 25 mètres. Mais vous voudrez bien ne pas perdre de vue, monsieur le Préfet, que ces maxima ne sont posés qu'à titre de simple indication, l'administration pouvant, dans des circonstances exceptionnelles, les réduire, comme elle pourra, s'il y a lieu, autoriser des charges plus fortes et des longueurs plus grandes (*ibid.* § 3). Enfin, l'arrêté d'autorisation prescrira les précautions spéciales à prendre au passage des ponts et autres ouvrages d'art (*ibid.* § 4).

Dans le cas de refus de permission par le Préfet, l'article 6 ouvre aux demandeurs un recours contre la décision préfectorale; ils peuvent se pourvoir devant le ministre. Le Préfet devra, dans tous les cas, porter à la connaissance de l'administration supérieure les arrêtés qui autoriseront la circulation sur les routes impériales et départementales.

Outre les conditions générales, prescrites par le décret du 25 janvier 1865, en ce qui concerne leurs générateurs, les machines devront, pour être admises à la circulation sur les routes, satisfaire à certaines conditions spéciales : il faut, en effet, puisqu'elles empruntent la voie publique, qu'elles le fassent sans entraver la circulation, sans être une cause de gêne et de trouble pour les passants et les riverains ; il y est pourvu par les articles 7, 8, 9 et 10 du règlement. Les ingénieurs des mines, et, à leur défaut, les ingénieurs des ponts et chaussées, sont appelés à s'assurer que la locomotive remplit ces conditions spéciales, et ce n'est qu'après cette constatation que la machine peut être mise en service (art. 11).

Les articles 12 à 19 du règlement contiennent une série de prescriptions de détail plus ou moins analogues à celles qui règlent les véhicules ordinaires, notamment pour le signal d'approche, l'éclairage pendant la nuit, le personnel chargé du service de chaque convoi, le stationnement des locomotives et des trains sur la voie publique, etc. Le maximum de la vitesse est fixé à 20 kilomètres par heure. Ce maximum est probablement supérieur à celui qui sera réalisé dans la pratique, mais j'ai pensé qu'il fallait se montrer assez large sur ce point, afin de permettre la concurrence avec les autres moyens de transport déjà en usage. Cette vitesse sera d'ailleurs réduite en cas d'encombrement et à la traversée des lieux habités où elle pourrait offrir des inconvénients et même des dangers (art. 12).

Enfin, les articles 20 et 22 assujettissent les locomotives, en tout ce qui leur est applicable, aux lois et règlements sur la police du roulage, et rappellent les diverses lois relatives à la constatation et à la répression des contraventions.

Telle est, monsieur le Préfet, l'économie générale du règlement dont je vous adresse ampliation. Il me paraît comprendre les dispositions nécessaires pour que les essais auxquels l'industrie va se livrer sur cette application nouvelle de la vapeur se fassent le plus librement possible, et dans des conditions qui sauvegardent l'intérêt des passants, des riverains et de la conservation des routes.

Je dois, en terminant, vous recommander d'apporter à l'instruction de ces affaires la plus grande célérité possible. Il importe, en effet, qu'à ses débuts l'industrie des transports n'éprouve dans ses entreprises aucun retard provenant du fait de l'administration. Les autorités locales ne devant point d'ailleurs être consultées, et les ingénieurs étant seuls appelés à donner un avis aux points de vue déterminés par le règlement, cette instruction peut être fort prompte. Je vous prie de veiller à ce que les décisions ne se fassent jamais longtemps attendre.

Nous marchons ici dans une carrière nouvelle; disposé que je suis à introduire dans le règlement les modifications dont l'expérience démontrerait la nécessité, je désire que vous recueilliez avec soin les faits qui vous paraîtront de quelque importance, et je recevrai avec plaisir les observations que vous jugerez utile de me communiquer.

Je vous prie de vouloir bien m'accuser réception de la présente circulaire.

Recevez, monsieur le Préfet, l'assurance de ma considération la plus distinguée.

Le Ministre de l'agriculture,
du commerce et des travaux publics,

Signé : Armand BÉHIC.

Pour ampliation :

Le conseiller d'Etat, secrétaire général.

ARRÊTÉ

—

Le Ministre Secrétaire d'État au département de l'Agriculture, du Commerce et des Travaux publics,

Vu la loi du 30 mai 1851, sur la police du roulage et des messageries publiques ;

Vu le règlement d'administration publique du 10 août 1852, pour l'exécution de la loi susvisée ;

Vu la loi du 21 juillet 1856, concernant les contraventions aux règlements sur les appareils à vapeur ;

Vu le décret du 25 janvier 1865, portant règlement sur les chaudières à vapeur, notamment le deuxième paragraphe de l'article 27 de ce décret, ainsi conçu :

« Un règlement spécial fixera, s'il y a lieu, les conditions rela
« tives à la circulation des locomotives sur les routes ordinaires ; »

Sur la proposition du conseiller d'État, secrétaire général,

ARRÊTE :

ARTICLE PREMIER.

L'emploi des locomotives sur les routes *autres que les chemins de fer* est soumis aux dispositions suivantes :

TITRE PREMIER

Autorisation à obtenir pour faire circuler des locomotives.

ART. 2.

Toute personne qui voudra établir un service par locomotives pour le transport, soit des voyageurs, soit des marchandises, devra se pourvoir d'une autorisation, qui sera délivrée par le Préfet, si le service est compris dans un seul département, et par le Ministre des travaux publics, s'il en embrasse deux ou un plus grand nombre.

ART. 3.

La demande qui sera adressée à cet effet au Préfet ou au Ministre devra indiquer :

1° L'itinéraire détaillé que le pétitionnaire a l'intention de suivre ;

2° Le poids des wagons chargés et celui des machines, avec leur approvisionnement, et, pour ces dernières, la charge de chaque essieu ;

3° La composition habituelle des trains et leur longueur totale, machine comprise.

ART. 4.

Cette demande sera immédiatement communiquée aux ingénieurs des ponts et chaussées, et, si l'itinéraire comprend des chemins vicinaux, aux agents voyers des départements traversés, qui seront appelés à donner leur avis, eu égard à l'état des routes et chemins que les locomotives doivent emprunter, ainsi qu'à la nature des ouvrages d'art qui se trouvent sur le parcours.

Sur le vu de ces avis, les Préfets statuent par des arrêtés spéciaux.

Dans le cas où la décision est réservée au Ministre, les Préfets lui renvoient les demandes, avec l'instruction dont elles auront été l'objet et leur avis personnel, pour y être statué ce que de droit.

Art. 5.

L'arrêté d'autorisation déterminera les conditions particulières auxquelles le permissionnaire sera soumis, indépendamment des prescriptions générales du présent règlement.

Il fixera notamment le maximum, tant de la charge par essieu de locomotive que de la longueur du convoi.

A moins de circonstances exceptionnelles qui nécessiteraient une réduction, la charge pourra être portée à 8,000 kilogrammes, et la longueur du convoi à 25 mètres.

L'arrêté pourra d'ailleurs autoriser, lorsqu'il y aura lieu, des charges plus fortes et des longueurs de convoi plus grandes.

Enfin il prescrira les précautions spéciales à prendre au passage des ponts suspendus et autres ouvrages d'art.

Art. 6.

Les arrêtés des Préfets qui refuseraient les autorisations demandées pourront être l'objet d'un recours devant le Ministre.

Les arrêtés qui auront autorisé la circulation sur des routes impériales et départementales devront, dans tous les cas, être portés à sa connaissance.

TITRE II

Mise en circulation des locomotives.

Art. 7.

Les machines locomotives ne pourront circuler sur les routes autres que les chemins de fer qu'autant qu'elles satisferont, en ce qui concerne leurs générateurs, aux prescriptions du décret du

25 janvier 1865, et qu'après l'accomplissement des conditions spéciales ci-après déterminées :

Art. 8.

Elles seront munies :

1° D'un appareil de changement de marche ;

2° D'un frein assez puissant pour empêcher le mouvement de l'essieu moteur sous l'action de la vapeur, au maximum de pression que comporte la chaudière ;

3° D'un avant-train mobile autour d'une cheville ouvrière, ou de tout autre mécanisme équivalent permettant de tourner avec facilité dans des courbes de petit rayon.

Art. 9.

Le foyer de la chaudière devra être établi de manière à brûler sa fumée.

Des dispositions seront prises pour empêcher la projection des escarbilles par le cendrier et par la cheminée.

Art. 10.

La largeur de la machine, entre ses parties les plus saillantes, ne devra pas excéder $2^m,50$.

Les bandages des roues devront être à surface lisse, sans aucune saillie.

Art. 11.

Aucune locomotive ne pourra être mise en service qu'après avoir été visitée par les ingénieurs des mines, et, à leur défaut, par les ingénieurs des ponts et chaussées. En cas d'empêchement, ces ingénieurs pourront se faire remplacer par des agents sous leurs ordres. Ils s'assureront que la machine remplit les conditions prescrites par les articles 7 à 10 ci-dessus. Ils pourront exiger, lorsqu'ils le jugeront nécessaire, qu'elle soit soumise à une expérience qui leur permette de constater l'efficacité des appareils dont elle doit être pourvue et son aptitude au service auquel elle est destinée.

TITRE III

Marche et conduite des trains.

Art. 12.

La vitesse en marche ne dépassera pas vingt kilomètres à l'heure.

Cette vitesse devra d'ailleurs être réduite à la traversée des lieux babités ou en cas d'encombrement sur la route.

Le mouvement devra également être ralenti, ou même arrêté, toutes les fois que l'approche d'un train, en effrayant les chevaux ou autres animaux, pourrait être cause de désordres ou occasionner des accidents.

Art. 13.

L'approche du train devra être signalée au moyen d'une trompe, d'une corne ou de tout autre instrument du même genre, à l'exclusion du sifflet habituellement employé dans les locomotives qui circulent sur les chemins de fer.

Art. 14.

Pendant la nuit, le train portera à l'avant un feu rouge et à l'arrière un feu vert. Ces feux devront être allumés une demi-heure après le coucher du soleil, et ne pourront être éteints qu'une demi-heure avant son lever.

Art. 15.

Deux hommes devront être exclusivement attachés au service de la machine. Il y aura, en outre, un conducteur préposé à la manœuvre d'un frein placé à l'arrière du train toutes les fois que la machine remorquera plus d'un véhicule.

Ce frein sera d'une puissance suffisante pour retenir le train entier, sauf la machine, sur les pentes les plus fortes que présentera le parcours.

Art. 16.

Le machiniste devra se ranger à sa droite à l'approche de toute autre voiture, de manière à laisser libre au moins la moitié de la chaussée.

Art. 17.

Les locomotives et leurs trains ne pourront stationner d'une manière prolongée et sans nécessité sur la voie publique. Ils devront être remisés aux deux extrémités de leur parcours.

L'alimentation d'eau et de charbon ne pourra se faire sur la voie publique qu'à la condition de ne point entraver la circulation.

Il est expressément interdit d'y opérer le décrassage des grilles.

Art. 18.

La largeur du chargement des voitures ne devra pas excéder 2^m,50. Toutefois, il pourra être accordé, par les préfets des départements traversés, des permis spéciaux de circulation pour des objets d'un grand volume, qui ne seraient pas susceptibles d'être chargés dans ces conditions.

Art. 19.

Les locomotives et les voitures porteront sur une plaque métallique, en caractères apparents et lisibles, le nom et le domicile de l'entrepreneur de transports. Chaque machine aura, en outre, un numéro d'ordre ou un nom particulier.

TITRE IV

Dispositions générales.

ART. 20.

Pour ce qui n'est pas expressément réglé par le présent arrêté, les machines locomotives, ainsi que les voitures qu'elles remorqueront, seront soumises, en tout ce qui leur est applicable, aux dispositions des lois et règlements sur la police du roulage, notamment à celles des titres I et III du décret du 10 août 1852.

ART. 21.

Les ingénieurs des ponts et chaussées et les ingénieurs des mines, ainsi que les agents sous leurs ordres dûment commissionnés, sont chargés, sous la direction des préfets, et avec le concours des autorités locales, de la surveillance relative à l'exécution des mesures prescrites par le présent règlement.

ART. 22.

Les contraventions au présent règlement seront constatées, poursuivies et réprimées, suivant les cas, conformément aux lois du 30 mai 1851 et du 21 juillet 1856, ainsi qu'aux dispositions de l'article 471 du Code pénal, sans préjudice de la responsabilité civile que les contrevenants peuvent encourir aux termes des articles 1382 et suivants du Code Napoléon.

Fait à Paris, le 20 avril 1866.

FIN

FAUTES ESSENTIELLES A CORRIGER

Page	Ligne		Au lieu de	Écrire
VI	9		et par des	et des
24	2	en remontant	n'a pas le caractère	n'a pas à un trop haut degré le caractère
25	5	—	inférieur	supérieur
32	7	—	aux 2/3	à la moitié et même au 1/3
96	3	—	n° 116	n° 146
97	2	—	118	110
104	10	—	112	110
104	11	—	112	110
133	6	—	sans	sous
134	2	—	a introduit	introduit
135	2	—	fig. 152	fig. 156
135	8	—	semble	est
144	12	—	rectangulaire	à section
144	13	—	de	des

BIBLIOTHÈQUE NATIONALE — R. F. — IMPRIMÉS

TABLE DES MATIÈRES

NOTES PRÉLIMINAIRES.

NOTES SUR LES CHAUDIÈRES CYLINDRIQUES.

CHAUDIÈRES TUBULAIRES FIXES.

CHAUDIÈRES DITES LOCOMOBILES A TUBES DIRECTS.

CHAUDIÈRES A RETOUR DE FLAMME TUBULAIRE.

CHAUDIÈRES TUBULAIRES DÉMONTABLES.

GÉNÉRATEURS A VAPORISATION RAPIDE.

CHAUDIÈRES DIVERSES.

FIN DE LA TABLE.

TYPOGRAPHIE DE ROUGE, DUNON ET FRESNÉ,

RUE DU FOUR-SAINT-GERMAIN, 43.

www.ingramcontent.com/pod-product-compliance
Lightning Source LLC
LaVergne TN
LVHW020126060726
842526LV00004B/1279